陈钱林

著

新版

家教对了，
孩子就
一定行！

上海教育出版社
SHANGHAI EDUCATIONAL
PUBLISHING HOUSE

与孩子一起成长，
共创幸福的人生。

—— 陈钱林

有·关·报·道

《都市快报》专访陈钱林老师，介绍家教经验

腾讯教育推介《家教对了，孩子就一定行！》

中国科学技术大学官微发布特任教授陈昊攻克
世界级难题的消息

有·关·报·道

新华社发布陈杲攻克世界难题消息

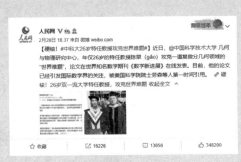

人民网官方微博发布"中科大26岁特任教授攻克世界难题"消息

《解放日报》刊发陈钱林老师家教经验文章

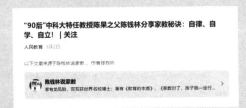

《人民教育》微信公众号转发陈钱林老师家教经验文章

澎湃新闻编发陈钱林老师家教经验文章

爸爸很少主动过问我的课业，却让我拥有难能可贵的自学能力；很少干涉我的选择，却让我学会努力去追寻梦想；很少在我跌倒时扶住我，却教会我如何站起来，并积极地看待绊倒我的石子；很少掩饰世间的丑陋，却让我感恩永恒的真善美。

—— 女儿陈杳

爸爸竖起的大拇指，让我的童年充满自信；爸爸的幽默，让我的童年洋溢着幸福；爸爸的放手，激励我做顶天立地的男子汉。特别是爸爸引导我自学，让我免于作业的困扰和标准答案的束缚，走上科学研究之路。在我的眼里，爸爸是最伟大的教育家！

—— 儿子陈杲

龙凤胎成长记

● 天赐龙凤胎

1994 年 8 月，龙凤胎出生于浙江瑞安。女孩取名陈杳（yǎo），寓意"深远、含蓄"；男孩取名陈杲（gǎo），寓意"阳光、自信"。

● 幼儿期

满月后便开始习惯培养；1 周岁时特意搬家到农村落地房，以便于孩子运动，游戏，亲近大自然；2 岁开始让他们用"筷子玩具"摆数字，摆画，并进行"100 个好"评价；3 岁后才可以在规定时间里看电视；4 岁时搬家到市区，上幼儿园，开始自由阅读。

● 小学阶段

6 岁上学；9 岁开始读报纸，做动植物小课题探究。其间，陈杲跳级两次，跳了三个年级，不做学校的统一作业。

● 中学阶段

陈杲 9 岁读初中，12 岁读高中，下午都在家自学；14 岁参加高考，被中国科学技术大学少年班录取。陈杳 12 岁读初中，自选作业，尝试自学；14 岁跳级读高中，高一隔天、高二隔周在家自学；16 岁参加南方科技大学自主招生，被首届教改实验班录取。

● 大学阶段

陈杲大学三年级获全球华人丘成桐大学生数学竞赛全能第四名，18 岁获全额奖学金攻读博士。陈杳大学二年级参加国际遗传工程机器设计竞赛获亚洲团队金奖，暑假受邀到哈佛大学实习；20 岁获三所名校全额奖学金攻读博士。

目　录

第三章 /55

家教做什么

新版自序

2015年7月，《家教对了，孩子就一定行！》出版后成为畅销书。

许多学校将其选作教师培训用书，中国教育新闻网将其评为"2015年度影响教师的100本书"。

国家督学、广东省教育厅原副厅长陈健先生说："陈钱林家庭教育的思想与实践，呼应了教育改革的一个重大命题。"

朱永新先生说："陈校长的故事告诉我们，两个孩子的成长不是偶然的"，"好的家庭教育，要给孩子宽阔的心胸，要给孩子强大的精神力量"。

教育部新闻办主管的微信公众号《微言教育》、全国妇联主管的《中华家教》杂志及全国各类媒体推介该书，教育部教育管理信息中心主办的《基础教育参考》全文刊载书中内容。

书中倡导的从他律到自律、树立远大志向、引导孩子自学、做孩子精神成长的引领者等思想，深受读者推崇。专著出版后，网络上对上述思想的解读与分析文章明显增加。比如用家庭作息时间表培养健康生活习惯的经验，每到寒暑假，几乎各大教育媒体都极力推广。我应邀在全国各地做报告，场场火爆，尤其引发家有幼童的家长热议。

常有中学生的家长说，如果早几年知晓我的家教经验，孩子的成长肯定会不一样。

当然，也有人反馈，很多内容讲得不细，让人有言犹未尽的感觉。比如谈家规、谈习惯培养、谈自学等地方；比如家教故事的篇幅太少。

借此再版机会，我增加了一篇很受读者喜爱的讲座稿（本书第一章），文中有习惯、家规、自学、精神成长等方面相当详细的操作方法，希望能弥补初版的不足。更详细的自学方法、健全人格培育方法，在我于2020年11月出版的《教育的本质》中有两个章节近6万字的相关内容，欢迎大家将它们结合起来阅读。

本书再版之际，我女儿已获新加坡南洋理工大学博士学位；我儿子获博士学位后，在普林斯顿高等研究院做博士后，在威斯康星大学任博士生导师，2021年学成归来，入职中国科学技术大学几何与物理中心特任教授。

两个孩子学业有成，让我坚信，我的家教思想与实践有许多是符合教育规律的，值得广大家长借鉴。

希望这次再版，能给更多家长以启迪，能让更多孩子幸福成人，轻松成才！

我们家有一对龙凤胎。

儿子陈杲，小学跳级三年，14岁考入中国科学技术大学少年班，18岁获美国纽约州立大学全额奖学金攻读博士。

女儿陈杳，初中跳级一年，16岁入读南方科技大学首届教改实验班，20岁获美国佐治亚理工学院、新加坡南洋理工大学等名校全额奖学金，在新加坡南洋理工大学攻读博士。

他们健康生长，品学兼优，确实是我们的骄傲。

很多人问我："在家庭教育方面，你有什么秘诀吗？"

我觉得，每个孩子都是独一无二的，所以教无定法，但是，家教的确还是有规律的。

陈杳与陈杲1994年8月出生在浙江瑞安。那时的瑞安，正流传着蔡笑晚先生培养出6个优秀子女的故事，这促使我义无反顾地投入家教。

要做好家教，最要紧的是弄清楚：到底教什么？怎么教？

我研读了陈鹤琴等名人的经典著作，确立了家教的核心思想为自立教育，细化为：自律生活、自主学习、自立人格。

具体教什么？我选择了12项重点：健康、性格、习惯、情商、知识、能力、游戏、探究、志向、规则、幸福感和价值观。这些内容就如同房子的12根桩基。

怎样教？我尝试应用儿童教育的经典方法，并在实践中逐步创新了一些家教方法。

如多元评价法，我创新"100个好"评价，引导陈杳与陈杲走向自律。

如自主决定法，我常说"你觉得呢""照你说的办"，让陈杳与陈杲决定自己的事，两个孩子独立性越来越强。

如自主学习法，是有点儿冒险的创新。作为教育体制中人，我不忍心让陈杳与陈杲受到题海的煎熬。陈杲读中学时，每天下午都在家自学；陈杳读高一时，隔天在家自学，读高二时隔周在家自学。结果，两个孩子不仅拥有轻松、自由、快乐的童年，而且因此锻炼出了特别的学习力。

我曾问两个孩子："爸爸的家庭教育，对你们影响最大的是什么？"

他们讨论后说，第一是志向，他们每天都有追求；第二是自学，这使他们的学习效率比较高；第三是家长和他们平等对话，这让他们很自信。

想到蔡笑晚先生总结的家教经验，是早教、立志和自学。

我们两家各自总结出的最核心的家教经验，居然有两点是一样的。志向与自学，可以说得上是家教的两把金钥匙。

这说明，并不是我们两家的孩子都是天才，而是我们做父亲的，都很幸运地找到了家教的金钥匙。

看来，家教对了，孩子就一定行！

好在越来越多的家长开始重视家教，并通过各种途径获得家教经验。我愿意把我的家教经验呈现出来。希望能给"雾霾"中的家长几分清新，希望更多的孩子，因为"家教对了"，而"一定行"！

——

家教的三大支柱

——

家庭教育是一门学问。重视与不重视不一样，得法与不得法更不一样。每个孩子都不同，所以教无定法。但是，教育是有规律的。

家庭教育，主要抓什么？许多家长都很纠结。现在社会上的培训班，两三岁的孩子都排了满满的课程。东家幼儿学编程了，西家孩子获全国大奖了，听到这些传闻，做家长的免不了会焦虑。

我家龙凤胎小时，我是很淡定的。孩子没去培训班，也不刻意追求是否得奖。上学后作业自主选择，没参加晚自修，读高中时都有 9 小时睡眠。我深信，只要抓住最核心的素养，就能以不变应万变。

一、家教的三大支柱

"自律、自学、自立"这三个关键词，是我读大学时广泛阅读取得的"真经"，是我家教思想的三大支柱。

我中师毕业后先在农村学校任教五年，再回到大学读本科。大学期间，我读到中国学前教育奠基人陈鹤琴先生研究自己儿子成长经历，终成一代教育家的故事。我当时还没有成家，但年轻人好做梦，产生了学习陈鹤琴先生也研究家庭教育的梦想。

要做好家庭教育，总得有些特别的方法。于是，我大量阅读教育著作，慢慢地，找到了这六个字——自律、自学、自立。

自律，就是抓习惯。培养良好习惯有两种方法：一种是他律，大人盯着孩子；还有一种是自律，让孩子明白道理，自己把自己管起来。显然，自律比他律更高明。陈鹤琴先生就说："凡是儿童自己能够做的，应该让他自己做；凡是儿童自己能够想的，应该让他自己想。"

自学，先是学习习惯，再是自学能力。学习有两种形式：一种是跟着老师学，还有一种是自学。孩子的学习，宏观上要听老师的，微观上要自学。为什么要听老师的？因为学科知识都有体系，如果没有老师的宏观引领，学习容易走弯路。为什么要自学？因为自学既能帮助孩子寻找最佳的学习方式，又是能力培养的重要途径。我读初中时就自学《数理化自学丛书》，中师毕业后我参加浙江省高等教育自学考试获得大专学历，对自学有亲身体验。我认为当前教育之所以孩子学业负担过重，是因为忽视了学生的自学。

自立，就是独立人格，培养积极向上的精神世界。许多孩子到了青春期，学习成绩迅速滑坡，大多数不是因为智力问题，而是内心精神世界不强大，缺乏积极向上的动力。怎样让孩子有持续的动力？从小就要树立远大志向，要从小培养耐挫力，要引领精神成长。英国教育家洛克非常看重独立人格，苏联教育家苏霍姆林斯基专门写过一本书《学生的精神世界》谈精神成长。

我孩子出生时，我在浙江省瑞安市教育局高中科工作。想到这么可爱的孩子，慢慢到了初中、高中，生活在应试教育大环境下，做不完的作业，睡眠不足，眼光无神，即使考试成绩很好，算得上成功吗？我觉得如果家教跟不上，孩子就逃不出这个怪圈，于是决定把"自律、自学、自立"付诸实践。

此时，乡贤蔡笑晚先生培育六个孩子个个成才的故事已在民间传开。蔡先生的核心思想是早期教育、自学、立大志，与我的"自律、自学、自立"思想惊人相通，这更加坚定了我的决心。

二、自律，主要抓习惯养成

习惯培养有关键期。我的观点是：幼儿期是黄金期，小学低段是白银期，小学中段还能有所作为，等青春期开始再抓习惯，困难就很大，往往是木已成舟，徒留遗憾。

我努力追求，在坏习惯形成之前，把好习惯教给孩子。我的俩孩子从小很守规则。最重要的经验，是重视家规和评价。

孩子从自然人变成社会人，必须遵守规则，包括道德规则、法律规则以及其他团体规则。有些教育者喜欢跟形势，说什么孩子的教育要释放天性。我认为这是错误的。天性中有真善美，也有假恶丑，对真善美的天性要弘扬，而对假恶丑的天性必须靠规则给予遏制。所以，教育的真理，不是释放孩子的天性，而是尊重天性、弘扬人性、培育灵性。

家庭教育，要把道德、法律规范及社会真善美的规则，通过家规的形式，对孩子进行强化教育。

如何实行家规呢？我特别注意以下几点。

第一，明明白白。家规，要让孩子听懂是什么意思。比如，我家孩子小学阶段上网的家规是"可以查资料，收发电邮，完成老师布置的作业，可以看科学类网站、作文类网站、新闻类网站，但不能看无关的内容；一般一次不能超过半小时；单独一人不能上网"。特别是禁止类的家规，不能含糊其词。比如，"每天18：00—18：30可以看电视，其他时间未经父母同意都不能看"，这条规则就很清楚。如果说成"少看电视"，孩子就不清楚，怎么样是"少"？

第二，动态生成。我家家规的约定，都是在生活中动态形成的。比如，我孩子2岁多的一天，分葡萄干时吵架了。我先从女儿这儿拿一些吃掉，儿子的多了，女儿不肯；又从儿子那儿拿一些吃掉，女儿的多了，儿子不肯；最后两人的葡萄干都被我吃光了，这下都哭了。我借机教育他们，不相让的双方最终都会有损失，后来就有了"吃零食要相让"的家规。

第三，民主讨论。我家家规大多是民主协商而来的。比如，好几次孩子在楼梯上摔倒，我们就讨论了走楼梯时如何讲安全，后来就有了"走楼梯时要互相提醒讲安全"的家规。比如，两个孩子吵架了，我想这是孩子的天性，吵吵哭哭没关系，经讨论后，有了"可以吵架，不能打架"的家规。因为孩子参与讨论，相对就好执行。

第四，奖罚分明。有了家规，要讲究"执法必严，违法必究"，奖罚要跟上。孩子毕竟是孩子，要表扬为主，表扬多了，对家规的执行力会更强。违反家规了，该批评时就要批评。多次批评无效的，要么是家规不合理，那就早点儿改；要么就要严厉批评，甚至进行必要的惩罚。

家规，要一条条写下来吗？我觉得，书面约定也行，但口头约定比书面更方便。我家孩子小时的家规，基本上都是口头约定。不管哪种形式，让孩子明明白白知晓家规就行。

俩孩子对家规很自律。如对"可以吵架，不能打架""走楼梯时要互相提醒讲安全"的家规，他们好几次在楼下吵架，都哭了，上楼时"弟弟小心""姐姐小心"互相提醒，上了楼后继续吵架。走楼梯互相提醒，这是义务；放心吵架，这是权利。这就是家规的教育力量。

如何保证家规落地？我思考需要有个评价方法。蔡笑晚先生家对孩子实施"存折"评价法：六个孩子每人一个"存折"，表现好可得评价分，表现不好扣评价分，年终到父母处"提款"，相应积分对应相应现金，孩子们可以自由使用这笔现金。

借鉴蔡先生的评价法，我在家庭教育中创新了"100个好"评价：表现好，加几个"好"；表现不好，减几个"好"；达到"100个好"时，满足两个孩子的一个合理要求，或吃些喜欢的食品，或买些喜欢的东西。

在加减"好"时，很多时候我总是与孩子一起分析，问孩子到底应该加减几个"好"，根据孩子的意见加减。

女儿4岁时，我计划着暑假带她去青岛玩儿，早早对她说如果达到"100个好"，就可去旅游。那段时间，女儿表现得特别好。飞机票早就买来了，我设计好，等出发前一天正好达到"100个好"，第二天按时成行，女儿很有成就感。

女儿喜欢与儿子比谁的"好"多。平时，因儿子从小数学有天赋，受到表扬多，我就考虑在评价中摆摆平，女儿的"好"一般都比儿子多一点儿。儿子没意见，反正姐姐达到"100个好"，奖励时同样有他的份，也就乐得让姐姐多几个"好"。有时，女儿表现不好，我减了她几个"好"，一下子比儿子的数量少了许多，女儿就会很受震动，会想方设法赶上来。

两个孩子总是记得几个"好"。这倒很好，每次我忘记了，就先问清楚，再做相应加减。

"100个好"评价，具有很巧妙的教育道理。

一是多元评价，涉及孩子素养的诸多方面。我在宏观处观察孩子的表现，感觉哪个方面得评价下，就抓住重点评价，以表扬为主。这种方法，好比烧开水，哪壶开了提哪壶。

二是有奖有罚。教育的规律，要表扬与批评相结合，要奖惩并用。"100个好"评价，在奖励的同时，巧妙地创新了减少"好"的惩罚方式。有时孩子犯了错，我一下子减了几个"好"，孩子常"哇"地哭起来，发挥了惩罚的教育价值。

三是民主，与孩子商量加减几个"好"。我让孩子自主评价的目的，就是希望孩子自我反省，培养"吾日三省吾身"的习惯。教育的最高境界是自我教育，与孩子多商量，利于变他律为自律。

四是随时可进行评价，富有童趣，带有游戏味。

五是强化奖励的荣誉感。洛克先生说，最好的奖励是给孩子荣誉感。我有意设计，两个孩子不管谁先达到"100个好"，两人都统一获得奖励。同样是吃炸鸡，这次获"100个好"的孩子会有荣誉感："你这个炸鸡是我赚来的。"这样设计也能淡化竞争。我觉得，蔡先生家有六个孩子，竞争更利于激励上进；而我家两个孩子，竞争过分了不利于亲情。这是我借鉴蔡先生评价理念之后的灵活运用。

"100个好"评价持续了八年左右，对两个孩子产生了较大影响。孩子成年后，常跟我开玩笑说："什么时候'100个好'？"这说明评价带给孩子的是幸福童年的美好回忆。

三、自学，我家教中最大胆的探索

在两个孩子的婴幼儿期，我就有意识地培养自学能力。比如玩游戏，小孩子喜欢听水龙头放水是什么声音，桌子翻倒了是什么样子，我特意引导孩子多探究。孩子五六岁的时候跟我说："爸爸，我发现地球是圆的，我们家一出来往八单元走，在后面转了一圈，正好又回到我们家门口！"我觉得，对五六岁的孩子来说这是重大发现，我就鼓励他们。后来，我好几次陪他们在家门口绕圈，帮助孩子研究这个圆的道理。

我儿子在小学一年级的时候非常认真，老师对我说，这个孩子真可爱，手一动不动，眼睛一眨不眨。我就想，男孩子的阳刚气怎么培养？后来写作业，学校要求就俩字：抄写！读幼儿园的时候已经研究地球是圆的孩子，现在读小学却在抄写，有没有必要？我觉得这样不对。于是我就让儿子跳级，并对老师说，跳级都跳了，作业就不用做了吧？我为儿子争取了这个自由。跳级后，孩子常常考九十来分，这个分数在班级里是倒数。但我觉得，没有做统一的作业，九十来分够了！后来，我儿子自学能力越来越强，14岁考上中国科技大学少年班。

我女儿，读小学时喜欢做作业，我就鼓励。到初中时作业多了起来。一天晚上，她一边写作业，一边哭，把写好的作业扔到地上。我想这样苦读书不行，于是与老师联系，协商让我女儿少做统一的作业。刚开始，是我家庭教育最纠结的时候，因为孩子成绩下降了。不过，我们还是坚持自学。慢慢地，成绩上来了。这时候我就不怕了。我女儿后来也不做老师布置的统一作业，而是自学。上高一时上午到校，下午在家自学，高二是一周到校，隔周在家自学，后来考上了南方科技大学首届教改实验班。大胆自学，让俩孩子拥有了他人少有的轻松的中学生活。这是我的家教，为孩子争取了自由的时间与空间。

培养孩子自学，首先是习惯，其次是方法。习惯，我家庭教育的核心经验是建立作息习惯。

我孩子幼儿时，我们就有口头约定的作息时间。上学后，我引导他们制订作息时间表。我的家教思想如下。

第一，必须制订作息时间表，这是硬性要求。在大是大非的问题上，我对孩子都严格要求。因为讲清楚作息时间的重要性，孩子都很认真做，当尝到甜头后，自然很容易由他律变成自律。

第二，至于作息时间表到底怎么安排，那是孩子自己的事。我会参谋，但仅仅是参谋而已，最终由孩子自己定。如果不好执行，随时都可以改。比如，孩子说早上 6 : 00 起床，8 : 00—9 : 00 阅读，10 : 00—11 : 00 锻炼身体……我都说行。过段时间，孩子说早上 6 : 00 起床太早，那就改嘛，直到孩子自己满意为止。

第三，一旦制订了作息时间表，就要严格执行。在我们家，学习时间玩儿游戏是犯错误，玩儿游戏时间在学习也是犯错误。

俩孩子从小养成作息习惯，该休息时就休息，该锻炼时就锻炼，该学习时就学习。规定学习时间到了，学什么？让孩子自己想办法，这样无形中就引导了孩子自学。

自学有方法。比如拓展学习、超前学习、探究学习、特长学习、实验学习等。我家孩子用得最多的是拓展学习、超前学习、探究学习。

首先，拓展学习。什么是拓展学习？指不拘泥于课本，向课外拓展，向社会拓展。

第一，基于大课程观的拓展学习。比如说语文，许多人认为就是识字、背诵文章；从大课程观看，语文最核心的要素是听、说、读、写。比如数学，许多人认为就是计算、做应用题；从大课程观看，数学不只是计算能力，还有数学规律、逻辑思维、空间思维、数学文化。比如科学，结合生活中的科学现象，要把孩子的视野拓展到观察自然界，观察社会现象。

第二，基于社会情境的拓展学习。一些社会事件，经媒体报道后，会营造强烈的情境氛围。这时候，特别适合拓展学习。

孩子往往喜欢基于情境的拓展学习。一方面，小孩子情感丰富，在特定情境中容易感动，感动了自然喜欢学习；另一方面，社会事件发生后，大家都喜欢议论，有了拓展学习，就很容易在同学间表现得更"专业"，自信心更强。

第三，拓展练习。现在书店有大量学习辅导用书，也有大量的习题集、试卷汇编，拓展练习就是自己做些课外习题。我特别倡导不动笔的拓展练习：看习题—思考—看标准答案。为什么倡导不动笔？现在老师布置的作业都比较多，再动笔做习题，孩子学习负担过重，也特别容易反感。不动笔的拓展练习，锻炼的是思维，是解决方法，是知识点的巩固；而且不用动笔，可以明显节约时间，同样一个单位时间，练习的习题量会成倍增长。

拓展练习适合于语文、英语、数学、科学等所有学科，是一种高效的学习方法。

其次，超前学习。当前学校是班级授课制，教师上课都是基于中等生教学，不然大部分学生学不懂。每个班大约三分之一的孩子是有能力超前学习的。只是没有人引导，孩子根本想不到要超前学习。

一般孩子的超前学习，可以有个梯度计划。

第一，预习。老师还没有教，先预习，这是低层次的超前学习。现在几乎所有教师都会要求孩子预习。

第二，超单元学习。老师教第一单元，孩子超前学习第二单元、第三单元。这时候的超前学习，增强自信的意义大于培养能力。我孩子刚开始超前学习时，也是不自信的，总感觉不可能。当慢慢地发现自己也行时，自信心、自豪感就来了，学习的兴趣大增。当孩子对学习产生强烈兴趣时，几乎不可能学不好。

第三，超年级学习。随着自学能力的提升，有些孩子可以超年级学习。老师教第七册，孩子自学第八册、第九册的内容；小学生可以超前学习初中知识点；初中生同样可以超前学习高中知识点。碧桂园实验学校有位小学四年级的学生，英语已经达到高中毕业水平。这些孩子是典型，能特别超前的学生，各学校都不少。

超前学习，需要自学用书的辅助。现在的教材编写总体只是提供脉络，留很大空间给教师讲解。如果只看教材，许多章节难以学习。好在有些自学用书，相当于教师讲解知识点，正好用于孩子超前学习。

很多人谈起超前学习，很自然地联想到拔苗助长。教育部门对超前学习也很顾忌。实际上，这是不客观的。每个孩子的学习水平不一样，怎么只能按统一进度学习？

当然，我反对在培训班统一超前学习。比如，有幼儿园提早学小学知识点；比如，有些培训班提早教课本上的知识。这些超前学习违背教育规律，基本上是有害的。

我倡导的超前学习，是一种自学方法。超前学习不是为了早点儿学知识，只有锻炼自学能力才有实质意义。

最后，探究学习。孩子总是对未知世界充满好奇，对新鲜事物，爱问为什么，这是引导探究学习的契机。当听到孩子提问时，大人总是习惯于以最快的速度，把最标准的答案告诉孩子。实际上这并不好。孩子的成长，知识固然重要，但探究习惯、探究能力比知识更重要。

探究学习的具体方法很多。比如观察法，孩子观察植物、动物、天文、地理、社会现象。比如实验法，通过实验，反复验证。比如文献法，小学高段就可使用。现在互联网上信息很多，为文献法提供了便利。但要注意，互联网上的信息，总体上不严谨，甚至有大量的虚假信息。所以，文献法的关键是引导孩子学会辨别真伪。

探究学习，一般遵循"提出问题—探究问题—解决问题"的思路。教师要在"提出问题"上做深入的引导。各学科都可以引导孩子进行探究学习。最好的探究，是结合教材学习，让孩子自主提出探究课题，教师给以相应的指导。

四、自立，培养健全人格

人格是什么？马克思主义认为，人是自然属性、社会属性、精神属性的三位一体。相对于自然界，人就是自然人，是一个生命体；相对于社会，人就是社会人；每一个人，都有自己独立的精神世界，所以，人也是精神人。何为健全人格？我喜欢用坐标图来分析：横坐标为人格基础，包括自然人格、社会人格、精神人格；纵坐标为独立人格。

我觉得，现在的教育，在自然人格、社会人格方面已经相当重视，而薄弱环节在精神人格和独立人格。于是，我特别重视三个方面。

首先，培养孩子的独立人格。主要方法是让孩子决定自己的事。当屋外阳光明媚时，我对俩孩子说，你们出去走走吧，俩孩子说"出去"，这是自己决定的。孩子说"不出去"，没关系。"现在两点钟你们不出去，那三点钟出去还是四点钟出去呢？"孩子说"四点钟去"，那我就等到四点钟陪孩子出去。

我陪孩子到外面去走走，不会在路上进行教育。路上，不是教育的场所。我一般的做法是，出去前与孩子讨论一个计划，如先去哪里，再去哪里；如碰到谁怎么打招呼，孩子会有自己的设想，想好了以后，我就表扬孩子有主见。在路上走，孩子会根据自己的计划做。如果计划做不到，路上我也不会说什么，回来的时候我会跟他分析，你刚才哪点做得好，哪点做得不好。

我孩子出生之后，三年不开电视。三年后，电视开禁。我父母亲在我家里看电视，小孩子喜欢偷偷看。我给孩子选择，如果你长时间看电视，爸爸妈妈就会不舒服，爷爷奶奶就会回到老家去，没人煮饭！"你们觉得是有饭吃好呢，还是看电视好？"他们说，"当然是爷爷奶奶在这里好，我们不看电视！"问题很好解决，因为这是他们自己决定的事。

我儿子上初中后，因自学能力已初步形成，我设想他下午就在家自学。问了几次，他都说下午要去学校。有一次，我儿子脚受伤了，在家里休息了几天。我说："是不是下午都不去学校？"他说："也可以吧！"这下好办了，我就说："好，就照你说的办。"后来我儿子下午都在家自学，在家很自觉，因为这都是他自己决定的。当然，背后我在那里宏观调控。

我家教的核心思想——自律、自学、自立，都有一个"自"字。自主，追求的就是独立人格。

其次，引领孩子精神成长。我在 2020 年出版的《教育的本质》里提出："教育的本质是培育健全人格，重精神成长。"

我们家长也是教育者，家庭教育也要坚守教育的本质。最称职的家长，不只是知识的传播者，不只是特长的培育者，还应该是孩子健全人格的呵护者，是孩子精神成长的引领者。

孩子的精神，是可以培育的。精神成长，靠的是精神引领，包括科学精神与人文精神。

引导孩子阅读，能带给孩子精神食粮。我喜欢引导孩子读名人传记。俩孩子小时候的偶像是爱因斯坦。我出差时看到爱因斯坦的书都会买来，肯定是俩孩子最喜欢的礼物。看到爱因斯坦的科学成就，感受到的就是科学精神；看到爱因斯坦给美国总统写信，赶在德国之前研究出原子弹，看到爱因斯坦晚年致力于销毁原子弹，看到爱因斯坦放弃以色列总统的提名，感受到的就是人文精神。

"读万卷书"外，"行万里路"也是好办法。我儿子 7 岁时，我带他到清华大学。我说："地上的每一块石子，都曾经有名人走过。"我儿子说："是的，包括今天我在走。"我表扬了他。我曾带女儿到北京孔庙，看历代状元的书法石刻。有次冬天，我陪同女儿到北京大学，看结冰的未名湖。当然，我更多的是带孩子到家乡的一些景点走走，每个地方都有人文景观，基本上不花钱，孩子的收获也不小。

把长辈的创业故事告诉孩子，特别能传递精神力量。我有意把自己的艰难求学与创业故事讲给孩子听，并有意放大了"艰难"的程度。有次，我带孩子去飞云江边玩儿，我就说了件事。我读师范时，就是从这里渡船过江去学校的；在学校，我把父母给的一点儿钱买了书，晚上常饿肚子；晚上，每天都会有卖馒头的人到宿舍叫卖，同学们都买了吃，我肚子很饿，却舍不得。我对俩孩子说："现在大鱼大肉吃不了，却常梦到吃馒头，什么时候写篇《馒头飘香》，会很感人的。"俩孩子听了很感动。我想，他们能感受到精神力量。

我师范毕业教了几年书后，再去读大学。因为经济困难，有年寒假期间，只身去北京做生意，回上海时出了点小问题：腊月二十九，在公平路码头买了船票后，身上没钱了，想不到却误了船。当时还没有手机，没有信用卡，后来在一位好心老人的帮助下，坐火车再坐汽车才到家。这事本来与俩孩子无关，但我多次对他们讲。俩孩子13岁时，我们一家人到上海过年，腊月二十九，那天正好下大雪，我带俩孩子在大雪中到了公平路码头。特别的情境，让俩孩子有了不一样的感悟。

孩子的成长过程中，常常会碰到挫折，出现心理困惑，这时候，正是进行精神引领的好时机。挫折并不可怕，家长要想办法把挫折变成挫折教育，这样就把坏事变成了好事。当孩子出现心灵困惑时，不管多么幼稚，家长都要站在孩子的视角，帮助其拨开迷雾，让孩子感受长者的智慧和精神境界。

我有意把自己的失败展示给孩子，引导孩子正确面对挫折。比如，有次我去考研究生，我的英语很差，觉得自己肯定考不上，但我还是去考，并且让俩孩子做做"爸爸考上研究生的梦"。结果，自然落榜，俩孩子很难过。我觉得，我展示给孩子的，是屡败屡战的精神。这也就是精神的引领。

最后，特别重视立志教育。这也是精神成长的一部分，因为做得特别到位，我把立志单独作为家庭教育的核心经验。

我有两句话被广泛转载。一句是："教育要让孩子做梦，帮助孩子追梦，而不要在乎是否圆梦。"还有一句是："志向能产生引力，自学能产生推力，只要孩子具备这两种能力，想不成才都难。"

如何帮孩子树立远大志向？我是下了点儿功夫的！我孩子出生半个月时，特大台风在瑞安登陆，许多邻居都在风雨中逃难。在他们稍懂事时，我就说："凡历史名人出生时都会有自然灾难，如岳飞出生时碰到洪水。"俩孩子幼小时很相信自己以后会是大人物，不然"怎么会出现台风呢"？

让孩子接触名人，是立志的好办法。从农村搬家到瑞安市区时，我特地在瑞安底蕴最深的虹桥路安家。我常带孩子在家门口"寻找名人的足迹"，如考察晚清大儒孙诒让的故居玉海楼，浙江省最早的医科学堂——利济堂，多次去湖滨公园看天文学家孙义燧院士的题词石刻。有次，意外获悉中华人民共和国国旗设计者曾联松先生的老家离我家才500米，俩孩子很兴奋。俩孩子读小学一年级时，校报上刊登了名校友、哈佛大学蔡天西教授的来信。我从多渠道了解到，蔡家的旧居在丰湖街，居然离我家也只有500米左右，于是多次带孩子去看蔡天西旧居。

凡有学者、教授等名流到我们家乡来，我都会想办法让孩子跟名人见个面。有次，中国工程院钟山院士到我们学校，我争取到机会，带着孩子到酒店跟院士有了一个小时的谈话。与院士见面，孩子的眼睛里都闪着光。

俩孩子从小常做获诺贝尔奖的梦。有次，我们家买了几条金鱼，有条金鱼的眼睛是瞎的。孩子提出了设想：瞎眼睛的金鱼会长寿，因为瞎眼的吃食很吃力，会多运动，而生命在于运动。过了一段时间，果然好眼睛的金鱼先死掉了。孩子上网去查，看看是否有人证明过瞎眼睛金鱼寿命长，查不到，那就说明全世界还没有人发现这个秘密！那一天，我们家里热闹得很，差点儿"获得了诺贝尔奖"。

俩孩子13岁时，正儿八经地"研究"宇宙形状的猜想，我儿子说"空间会是个圆"，我女儿说"时间可能也是个圆"。这个梦想过去了，很快会有另外的梦想。我儿子于2015年解决的一个世界数学难题，恰好是关于宇宙空间猜想的课题，谁能说与儿时的梦想无关？

反思现在的家庭教育普遍存在什么问题，我觉得是大人太强势，喜欢说"你给我……"，为什么不用"孩子，你说呢"？

人生的路要让孩子自己走。孩子的成长正如爬山，我们大人给他指出来，从哪一条路走比较好，这是宏观上的扶。孩子走路摔倒了，我们把他扶起来，这是微观上的扶。但是，扶的目的是放。如果怕孩子辛苦，抱着他，走到山顶，即使走得最快，又有什么意义呢？

自立，就是在扶与放上面做文章。孩子不能自立的时候我帮助他。帮孩子时，有意识地培养他的自立意识与自立能力。能力到了，就让他自立。

我儿子在中国科学技术大学读书的时候，著名数学家陈秀雄教授来中科大选苗子。陈教授说中国的教育犯了最大的错误，是求同思维强调过多，求异思维培养不足，而陈杲这个孩子的求异思维与众不同，正是做学问的好苗子。时任中科大校长侯建国院士专门请我儿子一个人吃校长午餐，勉励他，"你肯定是数学家，无非是全国著名还是全球著名的区别"。

我女儿在南方科技大学也非常活跃，跟老师、跟同学交往非常好。南科大创校校长朱清时院士非常欣赏我女儿。大二时，我女儿与同学去美国参加国际基因工程机器大赛（iGEM）总决赛，听到哈佛大学吉尔·奥尔特维奇（Gil Alterovitz）教授说了句自己"设计一个生物信息学的软件项目"的话后，在比赛官方组织的一个社交活动中，与吉尔·奥尔特维奇见面聊天，便接下了这个任务。当年暑假，她专门到哈佛大学做了两个多月的合作研究，并取得成果。

五、家教要抓核心素养

做家庭教育，不是跟着感觉走，不是送孩子上培训班，让孩子参加各类比赛这么简单，要紧紧抓住关系孩子一生幸福的核心素养。

家庭教育应抓哪些核心素养？

我曾在《中小学管理》2015年第9期发表文章《我看核心素养》，其中有段话被广泛转载：我常常想，我们应该把教育"拉长"，将幼儿园、小学、中学、大学乃至整个人生串起来思考；应该把教育"拓宽"，从分数和特长外的习惯、能力、情商、人格等角度思考，如此才可能更好地把握什么是人最核心的素养，什么是最本真的教育。

把教育拓展，很好理解。教育不能只盯着功利的东西，要有全人思想，要多元评价。陶行知先生曾说，生活即教育，社会即学校。要把教育拓宽到书本外，拓展到技能外。

把教育拉长是什么意思？就是多想想，当孩子30岁、50岁、70岁时，到底哪些素养最重要？让家长很焦虑的这比赛那比赛，真的那么重要吗？比如，有孩子会弹钢琴，还得奖了，在小时候，一般会被认为是好孩子；但到了50岁，会不会弹钢琴真的那么重要吗？比如，有孩子跳高得奖了，在小时候，一般会被认为比别人好；但到了30岁，会不会跳高真的差别有那么大吗？拉长之后，我们会发现，其实这些技能并不是核心素养。

那么什么才是核心素养？我想，钢琴背后的热爱艺术，跳高背后的健身习惯，比钢琴技能和跳高成绩本身更重要。拉长到70岁，一个人热爱艺术，他的精神生活品质会更高；一个人坚持健身，他的健康会更有保障。我认为，体育的本质，不是上节体育课、开个运动会这么简单，难点在于关注每个孩子是否形成自觉健身的习惯；艺术教育不是让孩子技能如何拔尖，而是让每个孩子一辈子热爱艺术，这才是艺术教育的高境界。

我建议家长多这样想想，这样会更容易找到核心素养，家庭教育也会变得更从容，更有针对性。

孩子上学后，有语、数、英、科、体、艺等课程。实际上，每门课程都有自己的学科核心素养。体育的学科核心素养是健身习惯。艺术的学科核心素养是热爱艺术。语文、英语的学科核心素养，不是抄写、背书、做习题，而是听、说、读、写。引导孩子多听、多说、多读、多写，就是抓核心素养。数学的学科核心素养是思维，科学的学科核心素养是探究。在学科核心素养方面，比如，培养孩子养成健身习惯，让孩子发自内心地爱上艺术，培养孩子的说话能力与阅读习惯，引导孩子多探究、多思考，家庭教育才大有可为。

当然，从人的一辈子的幸福生活分析，我的家庭教育的核心思想——自律、自学、自立，是核心素养的内核。就教育规律而言，幼儿期重自律习惯，学龄期重自学能力，教育过程中重自立人格，孩子可以更好地成人、成才。将教育拉长后，任何年龄，都需要自律，都需要自学，都需要自立。我想，一个人只要具备自律、自学、自立素养，今后不管从事何种职业，成功的可能就会更大，也就更容易获得幸福感，即使碰到困难，也会以坚强的内心精神世界面对，走出困境也就相对容易。

期待着每位孩子，都因为家长重视家庭教育，而拥有更加幸福的童年，拥有幸福的人生。期待着每位家长，多学习、多摸索，与孩子共同成长。

第二章

家教的重要真相

一、家教是幸福人生的关键因素

教育得法，普通的孩子也可以学业拔尖，拥有良好性格；教育不得法，最好的天资都没优势。

学校教育先天不足

许多家长认为，孩子的教育，责任在学校、在教师。学校当然有教育的责任。问题是，学校并不具有让所有孩子都成人成才的能力。

我国绝大多数学校都是大班额教学。大班额这种形式，容易忽视儿童个性化的权利与生长需要，特别是在习惯、情商、性格塑造等方面，常显得力不从心。

学校有那么多的学生，因管理需要，几乎每所学校都会花大量的精力抓行为规范教育，诸如制定校规校纪等。强调了共性，必定会有孩子不适应。共性与个性的矛盾，是学校教育不可避免的问题。

教育的难处还在于，需要心灵与心灵的碰撞。遗憾的是，即使最优秀的教师，也很难真正走进每个学生的心灵。

而家庭教育，在心灵沟通与个性培育方面，有更大的优势。

陈杲9岁时的一天早晨，我和他一起去学校。车没来，我们聊了起来。

我说："一个父亲，带着儿子上学去。"

陈杲特逗，接着我的话说："一个儿子，拉着父亲上班去。"

我说："我带着的可是未来的中国科学院院士啊，我高兴。"

"我拉着的可是未来的中国教育院院士啊，我高兴。"陈杲说。

我说："你读书了起得这么早，老爸也被逼得早起，以后得了什么荣誉，还得感谢你。"

一会儿，陈杲问："如果我读书不好，爸爸还会对我好吗？"

"哪有父母不对孩子好的？"我说，"读书不好，做父母的同样会对孩子好。"

"如果我读书不好，爸爸肯定会为起得这么早而后悔。"陈杲说，"因为你没有得到什么，我没有什么报答你啊。"

"父母送孩子上学，不是图什么报答，这是一种责任。"我说，"只要有颗感恩的心，读书好不好并没有关系。"

陈杲动情地说："我长大了想对爸爸好。"

"好，好。"我说，"不是'想对爸爸好'，而是'应该'对爸爸好。父母关心孩子，这是做父母的责任；子女感恩父母，这是做子女的责任。"

陈杲点点头。

这些看似不经意间的对话，因为是个性化、情境化的，就容易有心灵互动。

陈杲成年后，还清楚记得这次对话的情景。

什么是好的教育？就是在孩子意识不到教育的时候，教育已经发生。学校教育，很难有这些个性化的心灵触动。

社会教育良莠不齐

在人口大量流动的新时期，传统文化的影响削弱，多元文化融合，这种融合的负面影响，造成了消极文化的泛滥。

社会道德滑坡，丑陋现象层出不穷，昨天某地凶杀、诈骗，今天一些明星人物又有出格新闻。这些丑陋现象通过互联网放大之后，人性的阴暗面赤裸裸地展现在孩子的面前，其危害性比有毒食品、比毒霾空气更大！

社会教育，需要信仰和法治两大法宝。当前信仰普遍缺失，有法不依的现象仍然相当普遍，社会教育暂时难有大作为。

一天，我发现陈杳与陈杲神情凝重，原来他们听到在菜场里发生了虐待老人的事件，想不通人的良心怎么这么差。好在我发现后及时进行了引导。

好事难出门，坏事传千里。如果家庭教育跟不上，孩子特别容易接触到负面的东西。而如果家庭教育跟上了，就到处都有振奋人心的"资源"。例如，带孩子游玩名胜古迹、听音乐会、看看报纸上的感人故事……只有家庭教育，才能最好地整合社会资源。

家庭教育决定成败

学龄前儿童，自然由家长教育。上学后，教育的责任虽然被学校分担，但家长的责任依然不可松懈。青春期孩子身心都会发生剧变，家庭教育显得更加困难，也更加迫切。家长如果忽视家庭教育，等孩子长大后出现了问题，再想干涉、纠正，就太难了。

我的老乡蔡笑晚先生，致力于以教育改变家族命运。他培养了6个优秀孩子，其中老大蔡天文获世界统计学最高奖，老二蔡天武曾出任美国高盛公司副总裁，小女儿蔡天西30多岁就被哈佛大学聘为终身教授。他告诉我，自己有几个兄弟姐妹，爱人有几个兄弟姐妹，论先天因素，不见得6个孩子都比堂兄妹、表兄妹强，就是因为他重视了家庭教育，所以才有这样的成果。

陈杳与陈呆童年时，我的外甥彬、外甥女洁，侄儿浩、侄女智都住在我家，接受我的家庭教育。

外甥彬原来在农村小学就读，二年级时出现叛逆心理，三年级时转学一直到高中毕业，都住在我家。我对他的生长倾注了心血，他到初中二年级时开始转折，最终，曾经的"问题生"成为上海交通大学硕士。

侄儿浩6岁到初中毕业，都住在我家。浩很聪明，但小学毕业年级转学到瑞安市区时，出现不适应，学习成绩一落千丈。我花了大量精力，到他读高中时才出现转变，后来入读南京理工大学，并到英国留学。

外甥女洁读初中时，对理科兴趣降低，我安排她学习美术，后来考上师范，如愿成为教师。

侄女智从小很上进，初中毕业时以优异成绩考上瑞安中学。

彬、浩、洁、智的生长，特别是外甥彬从"问题生"到硕士生的经历，说明家庭教育起决定作用。

陈杳与陈呆学习拔尖，固然有天资聪明的原因，实际上也还是家庭教育发挥了关键作用。

陈呆跳级后，有人就说，双胞胎的孩子，一般都是一个是天才，一个是普通人。陈杳考上南方科技大学后，人们又说，两个孩子都是天才。

这些说法，都忽视了家庭教育的价值。大家也不难发现，聪明孩子比比皆是，可学业有成的却凤毛麟角。就算陈杳和陈呆两个都是天才儿童，瑞安市有110万人口，以3%的概率来算，应该有3万多天才儿童，但跳级并考上中国科学技术大学少年班的，整个瑞安至今也只有蔡家蔡天武、蔡天西和我儿子陈呆3人。陈杳就读的南方科技大学教改实验班，本质上也是少年班模式。这说明家庭教育才是决定因素。

二、基于天性培养人性

天性，是一个人作为自然人与生俱来的本性。人性，是天性中真善美的部分。

忽视天性，既造成教育低效，也影响孩子的幸福感。忽视人性，教育也就缺失了应有的价值。

尊重天性，用好天性

孩子带着哭声来到这个世界，哭就是天性。孩子爱玩，喜欢嬉水、玩沙，喜欢小动物，这些能产生无可替代的幸福体验。

有段时间，社会上有歹徒用糖果骗孩子引发的恶性事件，媒体对此做了大量报道，家长都加强防骗教育，可当记者冒充骗子以糖果骗孩子时，结果许多孩子仍然经不起诱惑，可见贪吃也是孩子的天性。

孩子都有很多梦想，这也是天性。看《西游记》时，许多孩子会梦想自己就是孙悟空；看《白雪公主与七个小矮人》时，许多女孩会把自己想象成公主，而男孩则会梦想自己就是王子。

在孩子的世界里，万物都是有生命的。陈杳与陈杲婴幼儿时特别喜欢小兔布娃娃，常跟它说悄悄话，有时外出做客也带着。有一次，我妻子看到小兔布娃娃脏了，未经孩子同意就洗了，两个孩子发现后不高兴了，安慰它"不要怕痛"。

我刚到瑞安市安阳实验小学当校长时，一名学生对我说，希望校园里能有个鸟窝，这让我对儿童的天性有了进一步的认识。

我从儿童天性的角度，对校园进行了改造，把原有的劳动基地改为春华秋实景区，其中的养殖园安排专人管理，饲养了鸡、兔子、鸽子、狗；新建了童话世界景区，设计了白雪公主与七个小矮人、米老鼠与唐老鸭石雕；还建设了字母公园、十二生肖雕塑、柏树迷宫、诗词小路等。后来校园成为一些幼儿园小朋友春游、秋游的地方。基于天性，教育就充满魅力，学校教育如此，家庭教育也如此。

陈杳 4 岁时的一天，我下班回家，她对我说刚才哭了，说着说着，突然又哭了起来。我仔细观察，发现她哭得还真是很伤心。一会儿，我说，动画片都是一集一集的，你这次哭，算第一集的下部分，还是算第二集？陈杳知道我逗她玩，便说是"第 100 集"。接着回忆，昨天哭了几次，前天哭了几次。我表扬她记忆力好，话说得清楚。结果陈杳脸上还有泪痕，就又哈哈大笑了。尊重天性，孩子对家长就会更加亲近。

培养人性

把自然人培养成社会人，贵在天性的基础上培养人性。

有一次，我巡视校园，发现两个女孩子抓住一个男孩子，男孩子低着头。原来，是男孩子捉蜗牛踩到了草皮。

我想：孩子喜欢蜗牛，这是天性。捉蜗牛时忘记了规则，也是天性。尊重天性，放任踩草皮吗？显然不妥。维护草皮生长，这是人人受益的规则。这是人性的要求。人应该有遵守规则的理智。如果放任孩子踩草皮，就是尊重了天性，忽视了人性。

后来，学校对绿地进行了改造，在草皮中间修建了一条弯弯的石子路，以方便孩子们玩儿蜗牛。这体现了尊重天性。如果孩子在弯弯的石子路边再踩到草皮，就批评教育。这体现的是教育的人性目标。

弘扬天性中真善美的一面，是培养人性。打击天性中假恶丑的一面，也是培养人性。教育不只是教知识与能力。知识与能力并不等于人性，古往今来，遗臭万年的奸臣逆子，也都是汲取知识力量并具有一定能力的。

培养人性，要让孩子懂得人际道德。一旦发现缺乏同情心，甚至表现出冷漠、阴险、残忍的行为时，家长不能听之任之。一旦人性有了缺失，无论有多少才华，都是做人的失败，也就是教育的失败。

以人文精神滋养人性

教育就是引导儿童幸福生长。人的生长有其规律，外力可以发挥积极影响，但不可能改变其内在生长规律。

腹有诗书气自华。孩子在阅读自己感兴趣的书籍时，哪怕一个片段、一句话，都会产生情感共鸣，获得道德洗礼。

陈杳与陈杲小时，喜欢读一些名人故事。如海伦·凯勒的故事。小海伦 19 个月大时眼睛变瞎，7 岁时在莎莉文老师指导下学习盲文，后来成为著名作家，写的自传体《我生活的故事》，被称为杰作。

"一个生活在黑暗中却又给人类带来光明的女性，一个度过了 88 个春秋、却熬过了 87 个无光、无声、无语的孤独岁月的弱女子，她的名字早已成为一种伟大精神的象征。"看到这些语句，很容易让人产生情感共鸣。

社会上出现灾难，如地震；报纸上报道病者对生命的渴求、弱者对人生的信念……这时候，正是培育孩子人性的时机。

我常有意让陈杳与陈杲接触家族中长辈的故事。例如，我姨姥的故事，曾让两个孩子感动过一段时间。

我姨姥爷 1949 年前去台湾做生意，后来逃难到杭州，多年没有音讯。因认定姨姥爷出了意外，再加上生活所迫，姨姥带着女儿改嫁。过了几年，姨姥爷入户杭城，回家接妻儿，发现家已变故，便带走女儿回杭，在杭州另娶。几十年后，姨姥爷的老伴去世，姨姥的老伴也去世，这时两位老人都八九十岁了，在晚辈的促成下，双方冰释前嫌，在杭州团聚。后来，姨姥爷活到 100 岁，姨姥活到 90 多岁。

我奶奶去世得早，我父亲曾由姨姥抚养，所以两家关系很亲密。我姨姥 2003 年生病，出院后在我家住了一个月。陈杳与陈杲面对太姥，对太姥的辛酸经历有了更感性的认识，从中汲取了不一样的人性力量。

三、非智力因素更重要

如果把智力比作种子，那么非智力因素就是土壤。智力较高的人，如果非智力因素欠缺，不一定能有大的成就。而智力一般的人，如果非智力因素好，就容易获得成功。

智力是一成不变的吗

力，包括观察力、记忆力、注意力、想象力、思维力、创造力等。智力与脑的开发相关。婴儿期，节律感、语言、动作等早期的刺激训练，有利于智力发展。幼儿期，音乐、美术、手工制作、探究、计算、早期阅读、下棋等，都会促进智力发展。

有的家长认为自己的孩子相当聪明，遥控器、电子产品很快就学会了，会不会是天才儿童？有的家长看到孩子一两次考试不理想，就怀疑孩子是否弱智？

判断一个人聪明不聪明，可以通过智商测试。从智力的正态分布规律看，天才儿童和弱智儿童都是极少数，大部分孩子智力是相当的。

智力是动态发展的。智商很高的孩子，如果不努力了，智商就会慢慢下降；智商一般的孩子，如果努力，智商就会慢慢上升。

"知、情、意、行"一个都不能少

孩子需要学习知识。但是,教育并不只是为了记住更多的知识。

2006年4月底,上海交通大学附属中学副校长到瑞安市安阳实验中学选生源。老师安排陈杲参加面试。当时,我陪陈杲去。面试对话如下:

老师:你最喜欢的数学家是谁?

陈杲:陈景润。他证明了哥德巴赫猜想。

老师:你能说说哥德巴赫猜想是怎么回事吗?

陈杲:是一个大于二的偶数,总能分解成两个质数之和。陈景润证明出了一部分,可惜他最后一步还没有证明出来。

老师:(点点头)最后一步就等你证明了。

陈杲:(笑)看运气吧。

老师:你数理化成绩都很好,相比你最喜欢什么?

陈杲:数学。

老师:为什么?

陈杲:物理中核辐射对人有危害,化学物品往往有毒,而数学没有什么危险。

老师:如果以后你成为一个大数学家,而现在需要你从事一项有危险的研究,你会做吗?

陈杲:数学研究不会有什么危险。

老师:(笑)你愿意去上海读书吗?

陈杲:不愿意。我人太小,去那里不太好。

老师:那你今天为什么来面试?

陈杲:锻炼锻炼。

老师:(笑)以前的原子弹之父某某9岁时就离开了他的父母,后来他的研究促进了原子弹的发明。你都12岁了，却不敢去上海。你有什么感想？

陈杲：我不喜欢研究什么原子弹。这原子弹是害人的东西。我喜欢研究对人类有益的东西。

老师：你知道原子弹是怎么回事吗？

陈杲：原子弹就是核裂变，一些比较重的原子核在一定条件下会分裂成比较轻的原子核，同时放出大量能量。

老师：（点点头）叫你研究宇宙飞船，你愿意吗？

陈杲：当然愿意。

老师：曾经有一个宇航员，因为数学计算中出现一点小失误，后来在飞船上回不来了，你知道是怎么回事吗？

陈杲：苏联的，名字想不起来了。大概是什么"夫"或者什么"斯基"。苏联人的名字大多是这样的。当时算错了一个小数点，出了问题。

老师：如果你研究了一辈子的科学，现在需要你从事一项有一定风险的实验，你愿意吗？比如，叫你当宇航员，上天，有一定危险，你愿意干吗？

陈杲：我愿意。有时冒险一下也是需要的。但我想，当宇航员不会有什么危险。

老师：为什么？

陈杲：中国人比外国人聪明，数学计算水平要好，不会算错；还有，现在计算机发达了，算错的概率很低。

老师：看来你理科是很好。听说你每天只上半天课，下午都在家。你在家都干些什么？

陈杲：主要是看书。

老师：你看过《三国演义》吗？你能说说火烧赤壁的事吗？

陈杲：这是以少胜多的战争。东吴周瑜联合刘备这边的诸葛亮，以弱势，战胜了曹操的"百万大军"。

老师：看来你是读了很多书。你的英语成绩跟同学有距离吗？

陈杲：有距离，不过是他们跟我有距离。

…………

上海来的老师对陈杲评价很高。这不仅仅是知识面，更主要的是表现出了非智力因素。

非智力因素，有情感、意志、兴趣、性格、需要、动机、抱负、信念、世界观等。这些才是更重要的。

教育过程是知、情、意、行相互作用的过程。

在这里，知与智力相关；情、意、行都属于非智力因素。

情，主要是情绪与情感。孩子的情绪、情感会影响认知水平，也是个性的重要组成部分。积极的情绪，如高兴、快乐、满足等，可增强自信心，而消极的情绪，则会打击自信。情绪是可以调节的，情绪调节的能力，也是可以培养的。随着孩子逐步接触社会，情感会不断丰富，家长要关注并引导孩子高级情感的形成，如道德感、美感、理智感和幸福感等。

意，指在克服困难中表现出来的意志。人的天性会逃避困难，如果家长过于溺爱，孩子往往会在意志上出问题。让孩子直面困难，才有意志锻炼的机会。意志努力还与目的性相关。家长对孩子提出要求时，孩子若能明确目的性，就有利于意志努力。家长的鼓励，利于意志锻炼。所以，力所能及的事，在孩子不能坚持时，家长要给予鼓励，有时需要严格要求，不能纵容孩子半途而废。

行，重在行为习惯。习惯如同瓷器的制造，同样的黏土会造成完全不同的瓷器。孩子刚出生，就存在与环境的不断适应过程，适应之后就会形成习惯。例如，孩子哭了之后，妈妈马上去抱，孩子就会形成哭了等抱的习惯。所以，孩子还不会动手，还不会说话时，就已经存在习惯的教育。

许多孩子学习成绩不佳，并不是智力问题，而是非智力因素问题。例如，怕苦的情绪、厌恶的情感、缺乏面对困难的意志、行为习惯偏差等。所以，对成绩不佳的孩子，仅靠补课是没有用的，只有从非智力因素方面找到原因，才可对症下药。

多经历，多体验

生长是一种经历，而成熟靠阅历。

孩子每天都在经历一些事情，长时间的积累，对一些事物的看法就会由浅入深，经历就日趋丰富，有可能会变成阅历。阅历其实就是提炼、升华了的经历。家长要创造条件，让孩子多经历一些事。陈杲读小学时跳级两次后又转学，陈杳读小学时的转学，中学时的跳级，都增加了与新同学交往的机会。还得坐公交车，车上不断碰到新鲜事，就有了更多的经历。

带孩子出去游玩，是丰富经历的好办法。即使是老地方，人变化了就是新环境。但是，如果没有心灵的触动，游玩可能仅仅是玩儿而已。希望丰富阅历，得想办法让孩子有更多的感悟。

陈杳12岁时，有一天我们一起登万松山。

山顶上有许多蜜蜂，在我们身边飞来飞去。

陈杳说："真讨厌，我爬山关它们什么事，偏来捣乱！"

我笑着说："我想蜜蜂也会说——'我飞来飞去关你什么事，偏来捣乱！'"

"它们的家应该在树上，却飞到这路上来，不是捣乱是什么？"

我说："蜜蜂也会说——'陈杳的家在虹桥路，却到万松山上来，不是捣乱是什么？'"

陈杏说："好了好了，它们只管飞，我只管走，我与它们无关。"

我说："不，一个可爱的小女孩漫步在绿树环绕的小径，一群可爱的小蜜蜂为小女孩唱着歌……这是多么美丽的图画啊。"陈杏乐了。

我说："世界就是由各种各样的物组成的，生活就是由各种各样的事组成的。我在窗口看风景，行人在路上看我。人总是与外界存在关系，生活才丰富多彩。"

陈杏点点头，说："我知道了，爸爸叫我对他人好一些，对动物也要好。"

有了我们之间的对话，陈杏才有了"对动物也要好"的认识。看到蜜蜂是经历，体悟到对动物也要好，则是阅历。

孩子在家里、在学校里发生的一些事，甚至冲突，这些都是历练非智力因素的机会。

陈杏与陈杲小时候，侄儿浩与侄女智都住在我家。浩与智免不了会吵架，他们都想让两个孩子帮自己说好话，偷偷送些棒棒糖之类。起先，谁送的东西自己喜欢，两个孩子就为谁说话。一次，浩说自己有神力，两个孩子不信，就去问奶奶。奶奶开玩笑地说有神力的，两个孩子很佩服浩，就喜欢帮浩说好话。稍长大些，他们知道浩并没有神力，但还是觉得好玩，假装还是相信浩有神力，叫浩为神仙哥哥。这些事情，我大致了解，但都不干涉。孩子有自己独立的"江湖"，正是这些大人看起来无足轻重的孩子的"江湖"事件，会引发孩子非智力因素的发展。

如果遇到一些挫折，则更容易历练非智力因素。

我小时候，父母做青砖谋生，曾受到村里人的故意破坏。有一次烧砖时，居然有人用松树枝让砖窑放了气，使我们家的投资付之东流。我们家由此变得一贫如洗。记得我父亲回到家，把手电筒重重地摔在地上，说："我们家完了。"我母亲弄清事由后，跑到村里老人亭哭了一场。更令人难过的是，我外公怪自己守夜时不用心，气得用柴刀猛砍松树枝，意外地松树枝弹过来，结果一只眼睛被弄瞎。事后，我父母做出了令我终生难忘的事：把松树枝系上红头绳挂在屋顶的大梁上。每每看到这根松树枝，我就想到父母受人欺侮的无奈，从而发奋学习。

我觉得，我家姐弟三人，我姐姐特别勤劳，我大哥白手起家办企业，历尽艰难，几次濒临破产，最后都走出困境。我一路走来，从农民子弟到知名校长，也克服了不少困难。我们姐弟仨之所以表现出顽强的性格、不怕困难的意志，这些非智力因素，我想与那系上红头绳的松树枝有关。

陈杳与陈杲稍懂事起，我就讲这件事。两个孩子问了爷爷、奶奶一些细节，很自然地受到了教育。我曾开玩笑说："精神财富也是可以隔代继承的。"

四、早期家教事半功倍

重视早教，有利于孩子多元智能和健康人格的培养。如果忽视早教，等出现问题之后再纠正，不仅更费心费力，还有可能因为木已成舟而徒留遗憾。

从乳儿期开始

我很重视胎教。妻子怀孕后，我到书店买了一些有关胎教的书学习。据我老家的传说，蟛蜞、蚕虾很补身子，于是我们几乎每周都买来吃。我曾听到吃鸽子蛋利于胎儿大脑发育，我宁可信其有，就每天让妻子吃个鸽子蛋。

听说用轻音乐胎教能益智，我也宁可信其有。我曾做过实验，胎教期间特地多听一会儿《五星红旗迎风飘扬》乐曲，陈杳与陈杲出生后两周，我放这首乐曲时，他们似乎有点儿敏感。除此之外，胎教总体上好像没什么明显的成效。

真正的家教，从乳儿期开始。孩子出生后一个月内，因总体上也吃不准，我没有行动。满月后，我开始在习惯、智力和言语开发等方面花些心思。

陈杳与陈杲以奶粉为主食。我母亲根据农村养孩子的习惯，开始给点稀粥喝，再是稀米糊。我的创新之处，是在米糊中依次添加鱼、果泥。陈杳与陈杲长得很快，这与养育很有关系，我母亲功劳很大。

两个孩子好像每天都要睡 16 个小时以上。我的习惯教育，主要是晚上不逗孩子玩。有时孩子白天睡了一天，晚上醒着不睡，除吃、拉之外，大人一般不与孩子交流。

晚上 8 点后，我家里就静悄悄了，只留微弱的灯光。坚持一段时间后，陈杳与陈杲基本上晚上都很早睡眠。

此外，我尝试对两个孩子进行动作训练、感知训练、言语训练和情绪调节训练。

乳儿期的动作和感知练习，既是技能，也是智力开发。声音和美的玩具，色彩鲜艳的布娃娃，都利于训练孩子的动作和感知。言语方面，家长应该把孩子当成什么都能听懂的人，对孩子说话。言语是思维的外壳，孩子尽管不会说，但会听，训练孩子的言语，对发展思维同样大有裨益。孩子从出生开始就有情绪反应，家长要与孩子逗乐，以丰富孩子的情绪体验。

大约从出生一个月后，我就让陈杳与陈杲看色彩鲜艳的绸带。绸带在孩子眼前飘来飘去，同时我就和两个孩子轻轻说话；并让他们听轻声、悦耳的小铃铛声。我轻轻动一下两个孩子的小手，他们的小手就会握一下。我发现，大部分时候，孩子是喜欢与大人玩的，尽管他们看起来什么也不懂。

重点是习惯

当前，社会上的各种培训班，为孩子的早期教育提供了更多专业化的教育机会，也可能利于智力开发。但是，开发智力并非都要上培训班。古人造"聪"字，意为多用耳朵听，多用眼睛看，多讲，多用心。让孩子多动手、多动脑、多接触丰富多彩的世界，不知不觉中，孩子就会变得聪明。

早教的重中之重还是习惯。孩子刚出生时，家里突然多了些忙不完的事，手忙脚乱的，特别容易把习惯教育忽略了。实际上，如果重视了习惯培养，可更快地进入良性循环，育儿也不至于手忙脚乱。

陈杳与陈杲在上幼儿园前，养成了以下良好习惯。

按时作息的习惯。吃饭、睡觉比较有规律，晚上不怕黑，一到规定时间准时上床，早晨自己按时起床。

卫生习惯。从小吃喝拉撒都做得不错，很少玩脏的东西。特别是陈杳，勤洗手，勤梳头，从小衣服干干净净。

遵守规则的习惯。两个孩子有时做游戏争了起来，谁是谁非我会有个评判。一般程序是：先了解他们定的游戏规则，凡遵守规则的会受到表扬，凡违反规则的会受到批评。

与人分享的习惯。吃东西时，陈杳与陈杲一般都一起吃。凡大人喜欢吃的东西，他们都能分给大人吃。我特意交代我父母，凡是孩子给的东西，一定要吃，这对孩子的习惯养成有好处。有邻居小伙伴在，孩子会分些给客人。

不打骂、不撒野的习惯。因为从小没有接触不文明的现象，两个孩子从来没有骂人的现象发生。

自理的习惯。凡是自己能做的事情自己做，整理玩具，吃饭、睡觉、洗脸等，小小年纪就自己做了。

看书的习惯。因从小与书为伴，自然养成看书的习惯，什么书都喜欢翻翻。

顺其自然？错！

孩子的教育，应该顺应天性而为，但绝不是顺其自然。"树大自然直"的确存在，但森林中大多数树木都不是直的，孩子的生长，岂能一开始就希望成弱者？实际上，快乐与教育并不矛盾，顺其自然可使孩子快乐，接受良好教育同样给孩子以快乐。

教育的价值，在于将自然人变成社会人。没有要求的放纵生活固然会快乐，但这种快乐是不可持续的。上幼儿园开始集体生活，有野性的孩子将面对更多的挫折。孩子天生会竞争，没有合适的教育，在非智力因素方面很容易处于竞争的劣势，最终可能会影响幸福感，快乐也将是水中捞月。如果孩子缺乏应有的教养，很容易游离于社会群体的核心价值观之外，不仅快乐得不到保障，对人格发展也极为不利。

我当校长多年，发现当前家庭教育的最大问题是习惯培养不足。每年小学新生入学，总会有一批相当调皮的学生，遗憾的是，相当多的家长还错误地认为调皮是聪明的表现。人们常说，调皮的孩子聪明，这完全没道理。调皮是行为范畴，聪明是智力范畴，两者根本就不相关。孩子应该活泼，活泼是良好性格，而调皮则是缺少教养形成的不良行为习惯。

早教与跳级

早期教育不能简单理解为学语文、数学、外语，功利性教育、填鸭式教育都有违教育规律。如果不顾婴幼儿学习接受的能力，过高、过多、过难地期望孩子学技能，甚至不顾孩子的特点，强迫孩子学这学那，结果可能造成孩子焦虑、苦恼，这是拔苗助长。但是，如果认为早教就是拔苗助长，这又有失偏颇。

说起早教，免不了跳级的话题。常有家长问我，孩子要不要跳级？我觉得，要看孩子的潜质。教育，要培养大批普通劳动者，也要培养创新拔尖人才，如果孩子具备创新拔尖人才的潜质，混同于普通孩子的教学进度，就不是因材施教。

蔡笑晚先生特别倡导跳级，他的好几个孩子，走的就是跳级的路子。我原来对跳级持保守意见，因为教育部门不提倡跳级，社会舆论也都否定跳级。陈杲读小学后，我发现了些问题，尝试着让他跳级，小学只读了三年，结果很好。随着陈杲自学能力的获得，我也让陈杳在初中跳了一年。陈杲高二后考上了大学，陈杳高三上册读完后考的大学。到了大学后，他们真正感觉到，因为跳级，拥有了与众不同的学习优势。陈杲入读中国科学技术大学少年班之前，瑞安的社会舆论基本上都说少年班不好，说什么孩子心智会出现问题啦，什么孩子学得太苦啦。陈杲入读中国科学技术大学少年班后，才知道实际上完全不是这么回事。少年班对创新拔尖人才的培养，是非常成功的办学模式。少年班绝大部分孩子，智商、情商都能和谐发展。这些孩子如果选择按部就班上学，相当部分孩子可能就会"泯然众人矣"。

按智商的规律，大约 3% 的孩子属于天才儿童，这些孩子中相当部分是有条件跳级的。但是，能不能跳级，要看孩子的自学能力。如果家长请人给孩子进行早教，跳级后也需要大量时间补功课的，就不宜跳级。如果孩子具备一定的自学能力，跳级是走向创新拔尖人才的好办法。

五、家教的智慧在选择

孩子生长的过程，从身体生长、生活到学习，时刻伴随着选择。家庭教育的要点与难点，是如何帮助、引导孩子恰当选择。

选择并非易事

有些事是很好选择的，如饿了要吃饭，有生理标准；害人是坏事，助人是好事，有道德和法律标准。但是，孩子生长的许多事，往往是复杂的，并不都是非白即黑的两维，每个维度也不是非好即坏。如上什么幼儿园好？上什么小学好？看到他人带孩子去培训班，自己的孩子要不要也参加？高考了，选择什么专业好？学校组织春游，恰好孩子有点感冒的迹象，到底是否参加？许多事情不是那么容易判断好与坏的。

有一次我回家，陈杳与陈杲叫我捉苍蝇。苍蝇是脏的东西，从健康的角度，是不允许玩儿的。但从童趣的角度看，也不宜贸然否定。我选择了引导孩子玩儿，捉了几只苍蝇，两个孩子很兴奋。当时这样做，也不知到底好不好。不过，我引导两个孩子在玩儿的过程中注意尽可能不要让手接触苍蝇，还要注意洗手。后来，他们将苍蝇作为实验品，研究了好几个课题。这个时候，我的选择就显得有意义了。

教育之所以复杂，是因为孩子的个性不同。孩子的生长涉及方方面面，任何选择可能都有利有弊。选择是否合理，要看是否适合孩子的个性发展。尊重孩子的个性，就容易做出正确选择；而盲目跟风，或者注重家长的面子，一些"看上去很好"的选择，实际上可能并不适合孩子。

成人与成才

成人与成才是相辅相成的。孩子自由阅读，人文精神会熏陶心灵，这是人的教育；而规定阅读书目，或者让孩子参加阅读考级，就是侧重才。孩子学书法、乐器，艺术会陶冶情操、培养美感，这是人的教育；而参加考级或者各种比赛，也是侧重才。孩子自由运动，玩乒乓球、篮球，利于健身和意志力培养，这是人的教育；而如果学习乒乓球、篮球专业技能，或者参加各种比赛，就变为才的教育。

在成才与成人的选择上，我把成人摆在第一位。

陈杲小学时跳级两次。曾有专家推荐他到一些少年班预备班学习。但我们放弃了这样的选择。陈杲读初三时，上海交通大学附属中学的老师来校选拔学生，陈杲被推荐参加了面试。但我们选择放弃去上海就读。我觉得，去名校或许更利于成才，但孩子年纪太小就离开家人，并不利于成人。

很多人认为，陈杳与陈杲的成绩，是我盯着苦学出来的。实际上，我只是从育人入手。两个孩子婴幼儿时，我引导他们摆数字、创作儿童剧等，在游戏中学习，鼓励探究；上学后，我为他们争取了自由宽松的学习环境；一直以来我都关注两个孩子的习惯、情商、志向、规则、价值观、幸福感等。两个孩子逐步形成了良好的习惯、高远的志向、过人的意志力，从而促进了学业的长进。

让孩子自己选择

孩子未形成自我意识前，家长应帮助孩子选择。当孩子逐步有主见时，家长就要与孩子商量后选择。读小学后，孩子的自我意识逐步增强，家长最好以参谋的身份，倾听孩子的想法，为孩子提出建议。

即使孩子的意见过于片面，或者存在错误，家长也不能用强制手段，而应该晓之以理、动之以情，让孩子心服口服而改变想法。只有尊重孩子的选择，家长才可能真正成为孩子的引路人；如果凡事强加给孩子，孩子心灵的窗户迟早会对家长关闭。

有位家长对我说，她对孩子的饮食安排，很讲科学。比如吃水果，几点钟吃香蕉几点钟吃苹果都规定好的，可孩子就是不喜欢。我反对这样的"科学"，更反对这样的教育。即使果真有意想不到的神奇，也要让孩子心领神会后做出选择，不应该人为地弄一个如此细致的规则要孩子执行。

一些家长喜欢对孩子管得过细，比如穿什么衣服，都要孩子服从。实际上，如何穿衣服绝对是一个细节，怎么穿都是可以的。除了大是大非的事情，一般还是应让孩子自己做出选择，家长通过评论引导为好。

陈杳与陈呆的事，我一般都让他们自己选择，并说说理由。比如，买菜前，有时会问问他们吃什么鱼，带鱼、鲳鱼，还是梅子鱼？两个孩子说什么鱼都行。比如吃早餐，我会问，接下来几天吃什么好？两个孩子说"周一面条，周二面包"……这些都是小事，他们说了就算数，反正吃什么都差不多。如果孩子说吃油条等，我觉得不利于健康，也会说明理由，再由孩子选择。一些大事，我们会慎重讨论，最后还是由孩子自己定。比如陈呆报考中国科学技术大学少年班，陈杳报考南方科技大学首届教改实验班，都是他们自己的选择，我只是参与讨论，充其量只是参谋而已。

舍弃与坚守

家长都希望孩子从小多学习一些东西。从激发兴趣、拓宽知识面、培养能力来说，多学未尝不是好事，但并不意味着学得越多就越好。曾有一个家长，让二年级的小学生双休日参加社会培训班学习8门技能课，我很震惊。孩子的教育，不能只做加法。选择，既要选择加强，也要选择放弃。

幼儿阶段，艺术、体育、绘本阅读等更利于孩子的气质培养。小学阶段，语文、数学则是基础的基础。高中和大学，选专业方向时，都需要合理选择。实际上，学习的过程，就是不断地舍弃而求精的过程。

凡是有利于孩子个性的东西，就要选择加强，而与孩子个性不适合，或者超过孩子学习程度的东西，就要选择舍弃，即使"忍痛"，也要果断"割爱"。

陈呆幼小时表现出特别的数学天赋，我就从数学方面引导，让他听数学故事，玩数学游戏。因为有了以数学发展为基础的规划，就放弃一些学习项目，如艺术学习和教师普遍要求的书写训练等。陈呆小时字写得歪歪斜斜，我并不觉得是个问题，也就没有提出什么要求；陈呆读初中时作文都写得很短，我也没有急着花时间给补上。陈呆后来的数学特别拔尖，与从小排除了干扰是分不开的。如果什么都想学得拔尖，看似得到很多，实际上可能失去更要紧的东西。

当然，舍弃不是随性而为，家长心中要有一杆秤，要坚守原则。比如，特长学习的选择应该基于孩子的兴趣。幼儿期如果忽视了习惯养成教育，最终要为之付出代价。上学后基础学科的保底要求，如果放弃了，意味着孩子很快会变成落伍者。

陈杏与陈呆读幼儿园时，因不习惯于午睡，过不了几天就感冒。引导孩子适应幼儿园生活固然重要，但是，如果因此付出健康的代价，是得不偿失的，我就让两个孩子下午不去幼儿园。

我反对两个孩子之间过分竞争。两个孩子幼儿时想象出空气魔术师，是空气世界的皇帝，样子像黑人牙膏上的图标。空气魔术师的观念与人类正好相反，如打乒乓球打得很差，空气魔术师会说"打得很好"。

他们喜欢下棋，凡谁下输了，都算在空气魔术师身上。这种创新特别受到我的表扬，因为，淡化竞争，是我所坚守的。

六、适合的才是最好的

鞋子穿着舒服不舒服，不取决于是不是名牌，要看脚的感觉。家庭教育要根据孩子的天赋、个性等必然因素，结合生长中的偶然因素进行引导，帮助孩子成为最好的自己。

盲目跟风不可取

世界上没有两片完全相同的树叶，世界上也没有个性完全相同的人。孩子出生时就有着与他人不同的气质，而且每天都在变化中。昨天、今天与明天，身心状态都是不一样的。家庭教育，难就难在孩子随时都在变化中。

陈杳与陈杲是双胞胎，遗传基因、家庭环境相近，但性格有差别。陈杳从小开朗、热情，表现出一定的领导力，而陈杲则相对沉着、冷静，自我克制能力特别强。同样尝试自学，陈杲说早晨学习效果最好，而陈杳则说午间学习效果很好。同样的玩筷子游戏，陈杲喜欢摆数字算式，陈杳喜欢摆图画。

正因为每个孩子都是不一样的，所以，家庭教育不能跟风。

近几年，家庭教育跟风现象愈演愈烈。赏识教育盛行时，到处都是"你真棒"；而"虎妈""狼爸"陆续登场后，棍棒教育又有了市场。

家长对此应该理性分析，不能受大众媒体左右。媒体的特点是追求事件的新奇性，有时容易断章取义。我觉得，生活中的"虎妈""狼爸"，不会只是进行体罚教育的"虎狼"，无非是对孩子严格要求一点儿，而经媒体报道之后，仿佛他们特别喜欢当"打手"。

实际上，孩子的教育既需要赏识、奖励，也需要批评、惩罚，走极端必定违反教育规律，盲目跟风更有可能使孩子的生长充满风险。

不管什么样的养育方式，最终要归结于适应性。以为照搬某一种教育方式能培养好孩子，大多数情况下是一厢情愿。

当前家庭教育中盲目跟风最厉害的，要数特长学习。大城市和沿海经济发达地区的孩子，双休日纷纷加入学特长的潮流中。常有家长问我："如果人家的孩子都学，自己的孩子不学，是不是就落后了？"

我想，学特长可以陶冶情操、培养意志力等，但前提是适合孩子的天赋、兴趣，并且有宽裕的时间。任何教育选择都会有积极与消极的一面，如果不根据孩子的个性而盲目跟风，常常会得不偿失。

一把钥匙开一把锁

在我外甥彬的生长过程中，读初二时的小发明比赛获奖，可以说是重大转折。他设计的方便奶瓶获得瑞安市市级奖后，彬大为振奋。

不久，他有了第二个发明——膨胀螺丝的改进，并获得浙江省"亿利达"小发明比赛三等奖。经老师指点，我们将该作品申报国家专利，获批。这下彬可真的成为"英雄人物"。《瑞安日报》也报道了此消息。从此，彬学习信心大增，一下子变得勤奋起来，学习成绩一路上升。初中毕业时考上了瑞安中学。

如果说这小发明有什么神奇的地方，最主要的是我帮彬找到了一把增强自信心的金钥匙。后来，我也希望用小发明让陈杳与陈呆受益，但两个孩子并不喜欢。由此可见孩子们之间的差异。

教育很难，难就难在一把钥匙开一把锁。许多时候，家长似乎找到了那把钥匙，可无奈的是，锁也许已经悄悄发生了变化。教育贵在个性化，同一种教育方式用在不同的孩子身上，甚至不同时间用于同一个孩子身上，结果可能完全不同。

以孩子的个性设计培养目标

每个家长对孩子都会有培养目标，或希望孩子长大考重点大学，或希望孩子快乐生长做平凡的劳动者。但是，孩子的生长最终是由其内在个性决定的。所以，家长应根据孩子的个性设计培养目标。

家长可以对孩子提出目标，为孩子的生长指明方向，但不能专制。曾有家长问我："下决心培养孩子的绘画才能，每月都坐飞机去北京跟名师学习，投入很大，但孩子刚开始时喜欢，现在却没有了兴趣，怎么办？"我建议，如果孩子真的没有兴趣，就果断放弃。花了钱固然心疼，如果为了这些曾经投入的钱而强迫孩子干自己不喜欢的事，定然错上加错。

陈杲小时对数学感兴趣，我就借此强化他的数学天赋。当时我希望，读大学后可选择与数学相关的经济类专业。陈杲读大学后，还是迷上数学。大学毕业，他选择去美国留学。我与蔡笑晚先生商量，蔡先生觉得统计学前景好。我也希望陈杲选统计学，最好师从蔡天文或蔡天西。但陈杲坚持读自己喜欢的微分几何专业，我也就赞同他的选择。

在瑞安，女孩子长大了当教师，是不错的职业。我一直希望陈杳长大后当教师。陈杳小学时作文写得不错，我特别高兴，因为喜欢作文，是以后当个好老师的基础。

读初中时，陈杳希望当科学家。我内心并不喜欢女孩子当科学家，想想反正以后志向会变的，也就说不错。陈杳一直喜欢物理，我当然也鼓励，但内心总担心，女孩子研究物理，是否合适。

陈杳提出想报考南方科技大学时，我心里也还是有点纠结。这个首届教改实验班是自授文凭，国家不承认学历，毕业后要么出国读博士做科研，要么只能从商。我下不了决心。直到看到陈杳写的自荐信，我才支持她报考。当时，陈杳的自荐信如下：

我的科学理想

/ 陈杳 /

我从小是个科学迷，探索了很多奇怪现象。随着学识的增长，许多问题逐步找到答案，但仍有很多问题困扰着我。主要有：

1. 我对宇宙多维的猜想。四五岁的时候，我听大人们说宇宙是无边无际的。我试图想象这么一个神奇的宇宙该是什么样的。可任凭我怎么努力，脑海里的景象总是有边际的。长大后，我学到了当初人们对地球形状的认识过程。人们之前以为地球是平的，那是因为他们生活的范围近乎平面，而麦哲伦的环球旅行让人们意识到地球是圆的。我想，现在人们认为宇宙是无边无际的，可能只是因为我们生活在三维的世界里。也许宇宙其实是一个在很多维中的"大圆"，可以从一个地方出发一直向前走，最终回到原来的地方，只是以我们现有的技术和思维难以感受罢了。这样的宇宙，的确无边无际但却可以想象得出。后来，我了解到科学家说宇宙真的是有很多维数的，我非常兴奋。我猜想，宇宙空间应该是个圆，那么，宇宙的时间为什么不可能也是一个圆呢？三年前，我与弟弟提出了"宇宙空间和时间都是圆"的假想，我爸爸听后笑了，"照你们这么说，金字塔是我们后人造的？"把我们的想法否定了。但我觉得，真理有时候会让常人感到是荒诞的。

2. 地球形状的成因。几年前我了解到，地球"两极稍扁，赤道略鼓"。当时我怎么也不明白，地球对它表面的引力应该是近乎相等的，而地球的形成经过了长期的演变，为什么不是球形的？即使是因为演变还没有完全，那为什么不是"赤道稍扁，两极略鼓"？我查了许多资料，都没有找到对此的解释。后来，我学到万有引力，知道了重力只是万有引力的一个分力，另一个分力提供绕地轴旋转的向心力。我豁然开朗：假设地球最开始是规则的赤道较扁、两极较鼓的形状，那么除赤道外的地方，万有引力提供了向心力以后，另一个分力必然会使靠近表面的岩石等向赤道方向运动。长此以往，最终会形成两极较扁、赤道较鼓的形状；而假设地球最开始是规则的两极"很"扁、赤道"很"鼓的形状，那么最终也会向现在的"两极稍扁，赤道略鼓"的形状靠近，因为现在即使地球的形状还在变化，也不会变化太多，在空中由静止释放的物体几乎完全垂直地面下落就是一个证据。据此，我想所有的星球最终都会是"两极稍扁，赤道略鼓"的。不过由于许多知识我还没有接触到，这只是我以自己的视角提出的一个猜想而已。

3. 小时候，我和弟弟玩游戏时假想有一位"空气魔术师"，他所生活的世界是人们看不见也摸不着的。长大后，我在化学书上学到物质的组成，按书上的说法，"空气魔术师"是不会存在的。可为什么这样的世界一定没有呢？也许只是人们没有办法知道它的存在罢了。我想象着，有另外的许多种微粒，它们各自构成不同的世界，不同的世界之间互相没有影响，而我们的世界是其中之一，所以对于我们来说其他的世界都是看不见也摸不着的。也许在其他的世界上，也会存在生命，也会有发达的科技，也会有人猜测存在我们这个世界呢。后来，我了解到科学家认为宇宙中存在看不见摸不着的暗物质，我非常感兴趣。我想，也许有许多种暗物质，也许存在由暗物质组成的生命，那么我们假想的"空气魔术师"是不是真的存在呢？

4. 肥皂泡颜色之谜。前几年，我发现在俯视花岗岩桌上的肥皂泡时会看见它们刚形成时是五颜六色的，后来会很快变为被黄色和白色

"网"笼罩的样子，随即泡泡就破了。改用白纸作为底面，也看见类似情景。用吸管吹出泡泡并控制它们停留在吸管边缘，透过泡泡朝灯光方向看，会看见泡泡上自上往下有规律地重复出现七彩的条纹。后来，我学到光在干涉中的色散，解决了泡泡的七彩颜色问题。可是，为什么在泡泡即将破的时候，会出现黄色和白色的"网"？

5. 我对地磁场形成原因的猜想。从小开始，《世界未解之谜》中所描述的地磁场形成之谜一直深深地印在我心中。长大后，我学到了电流的磁效应，联想起温差的电效应，我忽然有一个想法：地球上每时每刻都有一半是白天，一半是黑夜，这之间存在温差，会不会是因为这样的温差导致地球内部产生电流，从而导致了地磁场的形成？如果是这样，那么书上说地磁场正在逐渐减弱，是因为地球自转速度正在减小。可是，书上还说磁场会反复地在减弱后又反向增强呢，这我就无法解释了。而且月球上的温差更大呢，为什么现在没有磁场？

6. 电风扇叶片谜团。夏天吹电风扇，我发现了两种奇怪现象，一种现象已经清楚，另一种现象至今还是个谜。（1）当叶片旋转时，我们盯着叶片看，居然看到叶片似乎在向反方向缓慢转动。我猜想原因，交变电流的大小是变化着的，电流大时叶片转得快，电流小时叶片转得慢，在一快一慢中，转得慢的时候就显得像是反转了。而电流变化的周期太短了，由于视觉停留现象，它看上去就像是一直在反转。（2）白色的叶片在旋转时，我们会看到电风扇中心和外围之间存在黄白相间的条纹，而且在随扇叶的旋转而缓慢旋转。我又去看其他电风扇，发现白色电风扇中的一部分有这种现象，并且发现，有的可以看到条纹旋转方向与扇叶旋转方向相同，有的却相反。我想可能是因为人眼睛的错觉，经录像后观看仍然存在这种现象。到底为什么？我一直找不到答案。

．．．．．．．．．．．．

诸如此类的问题，使我对科学充满好奇和憧憬。我希望从事科学研究。随着知识面的拓展，我相信，我会对科学研究做出贡献的！我现在最感兴趣的科学课题有：

1. 能源科技。现在世界上的主要能源仍然是化石能源，甚至有许多战争在一定程度上都是由能源引起的。如果核能、太阳能或者什么还没有发现的新能源能得到广泛的应用，那么困扰人类的能源问题也许会得以解决。2008 年 5 月 12 日，汶川大地震让我感受到了地球的威力。我不禁想，如果人们能预测到这次地震，并且及时将地震的能量转化成其他能量输送出去，也许后果不会这么严重。而且地球上每天都会发生地震，或大或小，背后都蕴藏着巨大的能量，如果能把它们转化为电能等形式的能量利用起来，那将是一件大好事。2008 年 6 月 19 日，我与中国工程院钟山院士面对面，向他提出了我的想法。他很高兴，说我会思考，只是目前人们对地球内部构造了解得太少了，我们需要把握规律，把有害的转为有利的。我想，随着科技的发展，终有一日人们能发明这样的仪器来造福大众。

2. 弦理论。我了解到，量子力学和广义相对论在原有的框架下是相冲突的，只有弦理论可以很好地统一这些理论，它成了"终极理论"最热门的候选者。近日欧洲大型强子对撞机开撞，根据弦理论，将会出现迷你黑洞，然而实验尚未发现。对此，我想这并不代表弦理论会就此终结，更多的可能是理论存在小小的失误，通过完善后将会与事实相符。我梦想有一天，我与同伴们一起解答这些问题。

3. 暗物质。近日，中国首个地下极深实验室投入使用，它可以减少宇宙射线的干扰，帮助科学家们探测暗物质。我对暗物质很有兴趣，我希望有机会在暗物质领域开辟科学研究新天地。

4. 量子科学。一年前，我从报纸上得知，通过量子通信技术，利用量子纠缠效应，可以使物体两地同时输送。我非常吃惊，也非常感兴趣。我想，量子通信将是项重大科学技术。量子计算机的问世和普及，也将会改变这个世界。我希望有机会从事这项科学研究。

············

科学太神奇了，可我们身边的许多同学、大人对科学越来越陌生，当我讲起我的科学谜团时，当我希望当科学家时，面对的常常是不解的眼神，我好困惑！我想，人类对科学的探索永无止境！就算披荆斩棘，我也要坚定地走科学探索之路！

尽管我平时也知道陈杳想当科学家，但通读这封自荐信后，还是被她追求科学的热情所感动，转而坚定地支持她走科学研究之路。

我支持她报考南方科技大学，就是尊重她的个性。

想不到的是，陈杳如此爱好物理，却在读大三时，选择了生物信息学。不过，我很高兴。陈杳读小学时就特别喜欢看生物类书，读高中时曾表现出对计算机软件的特殊天赋。选择生物信息学，相比物理，可能更适合她的个性，有更多的优势。

第三章

——

家教做什么

——

一、确保孩子健康

幸福人生，健康是"1"，其他的都是"1"后边的"0"。要保持健康，需要在饮食、生活习惯方面下功夫，还要从小培养孩子的运动习惯。家长应引导孩子自觉构建有益于健康的行为和生活方式。

饮食贵在均衡

饮食贵在均衡，如果养成挑食的习惯，就会损害健康。挑食，往往都是家长纵容的结果。例如，孩子小时，怕吃不饱，追着喂饭；开始挑食需要教育时，却不了了之。

陈杳与陈杲几乎不挑食，这是长期引导的结果。当两个孩子说什么菜不好吃时，我就会教育，吃菜不能只追求味道。我常问："味道重要还是营养重要？"两个孩子回答："营养重要。"我就表扬，他们也就很少挑食了。

两个孩子读大学前，饮食方面基本上能荤素搭配、定时就餐。主食有米饭或面食，粗粮如番薯、玉米也常吃，肉类是鸡肉、猪肉、牛肉、羊肉等轮换着吃。因温州民间有吃鱼的人更聪明的说法，平时吃的鱼就多。两个孩子也喜欢吃零食，基本上以水果为主。家里每天都有新鲜水果、干果等。

我家对饮食有个"三不吃"的家规：冰的不吃，油炸的不吃，怪味的不吃。诸如冰淇淋、油条、臭豆腐等，包括一般孩子特别喜欢的炸鸡，偶然吃一点儿解解馋是可以的，不过，我常会说吃这些东西不利于健康。听得多了，两个孩子也就少有想法。超市里常有怪味豆之类，或者奇甜、奇咸、奇辣的食品、饮料，基本上属于我们批判的对象。我们不仅批判食品问题，更批判生产厂家的不道德。都批判了，两个孩子自然就不会乱吃。

教给孩子卫生常识

陈杳与陈杲婴儿时，我尝试在坏习惯养成之前，把好习惯教给他们。孩子都很喜欢动手玩儿，学会洗手很重要。如何洗手？我们大人都不断示范。吃饭的习惯主要是慢吃，用餐时间要固定。排便的习惯，主要在早晨起床后。哪一天排便有点儿困难，我们就会当作大事对待，喝蜂蜜水、吃香蕉。长此以往，好习惯不形成都难。

两个孩子3岁多时，我尝试让他们了解人体器官及保健知识。每当生病或者受伤时，我便借机进行健康知识教育。睡眠习惯关乎用脑卫生，孩子的睡眠，幼儿需要10小时以上，小学生需要9小时以上，中学生需要8小时以上。因两个孩子以自学为主，作业自主，也不参加早、晚自修，睡眠和休息时间一直都很充足。

当前，青少年近视问题相当突出，小学新生就有20%的近视率。这固然有学业负担的原因，我觉得重要原因之一，是使用电子产品时的不良习惯造成的。我不允许两个孩子玩电子游戏。我特别教育他们，人只有一双眼睛，如果不好好保护，以后即使有再大的学问，也会因眼睛问题而放低甚至放弃追求。两个孩子喜欢看书，每看半个小时左右，就会休息一会儿，看看远方。陈杲还常常在休息时闭着眼睛靠在棉被上。这闭目养神的举动，尽管有点儿夸张，但在我们家里是受到表扬的好习惯。

与生理卫生常识同样重要的，还有心理卫生常识。孩子的心智水平不成熟，有些大人认为是鸡毛蒜皮的小事，也许会给他们带来不公平感。我常说，社会就是不公平的，关键看你如何面对，有时候看到前方无路了，不能绝望，要看成转向的新机遇。两个孩子在生长过程中碰到不公平的事也不少，即使觉得有些委屈，因我们长期引导在先，他们也都能坦然面对。

中西医结合保健康

我的曾外祖母出身中医世家，我父母也懂些中医常识。我小时生病，基本上喝中药，亲身经历使我对中医有特别的好感。

陈杳与陈杲婴幼儿时感冒特别多。读小学前，好像每个月都有人感冒。不过，恢复也快。每次感冒，一般先用中药，三四天就会恢复。两个孩子吃再苦的中药，从来都不叫苦。孩子就是孩子，好几次，一个孩子感冒了喝中药受到表扬，另一个孩子也想喝。我有位在瑞安中医院工作的学生郑军医师，曾帮了我许多忙。他曾看到一篇文章，说双胞胎孩子相对缺少转移因子，叫我买些口服液给孩子喝喝试试。喝了几个月后，孩子感冒明显减少。

如果需要打针，我都会向医生详细咨询。我家搬到瑞安市市区不久，陈杲进城后第一次感冒，我恰好有特别重要的事，就由我母亲应急带陈杲去附近的诊所看病，碰到一位庸医，一开始就打针，连续打了几天都不见好。这次经历，使陈杲体质受到一些负面影响，原来体重比陈杳重，这次后相当长时期，都比陈杳轻。

这在我的育儿过程中，算得上一个教训。后来，两个孩子生病时，一直由中医院项秀荷医师看，以中药为主，尽量少用抗生素。如果吃中药效果不好，我再到瑞安市人民医院找我的学生赵仁国医师，吃点儿西药就可治愈。

重视安全防范

我们家住塘西村四层楼的落地房时，转盘式楼梯存在安全隐患。我就在每层的楼梯井装上安全网，每层楼梯口设计有移动的栅栏，每层窗台内都安装防护窗。

有客人来我家，常说这样不好看，但我觉得这些并不只是身体安全防范，也会给孩子以心理安全感。我还专门在大门上装上防盗电铃，有次小偷进门时电铃声大作，吓走了小偷。

搬到瑞安市区后，房子是六楼与七楼的跃层，我在窗台内装防护铁窗，在阳台上加高栏杆，在屋顶装避雷设施。我家的门后长期放置特制的木头门闩。陈杳与陈杲起得早，常常看到门闩顶着门，这强化了他们的安全防范意识。

两个孩子上学后，常在集体餐厅吃饭，饮食安全不可忽视。我引导两个孩子：吃了不干净的东西，就会有风险；凡味道与平常吃到的东西明显不一样的，要分析是否有什么问题；凡怀疑的东西，以不吃为好。

每当流行病流行时，我就注意不让两个孩子到人多的地方去。两个孩子上学后，每当说起班级已经有几个人感冒什么的，我常让孩子请假在家。如果哪个孩子生病了，那一定在家里完全恢复了才去上学。我认为，带病坚持上学不值得提倡，这是对自己健康不负责任，也影响他人健康。

当前社会不和谐因素较多，孩子的安全环境不理想。两个孩子先后转学到瑞安市安阳实验小学，离家四公里，要坐公交车。考虑到安全，我父亲常陪同坐车，我也不反对。按理说，孩子越早独立越好，但如果让孩子在安全没有保障的环境中冒险并不妥当，至于独立人格，可以通过其他渠道来培养。

从小培养运动习惯

孩子天生爱运动，跑步、爬高、追逐、嬉闹，这些都是与生俱来的本能。

陈杳与陈呆刚会走路时，几乎每天都玩"排排队"的游戏，筷子、碗、饼干盒、水果、凳子、拖鞋、书、布娃娃，凡是能拿得动的都拿，从一楼排到二楼，从前门排到后门，乐此不疲，有时大人也被拉到里边排队。这个游戏，有一定的运动量。

两个孩子两岁多时，我给他们买了儿童自行车，两个孩子很快学会了骑自行车。我家搬到瑞安市区后，一直住在六楼，两个孩子就要爬楼梯，这也是很好的运动。上幼儿园后，我让两个孩子接触诸如跳绳、乒乓球等运动项目。有段时间，我在房间的墙壁上装上儿童篮球架，让两个孩子用排球投篮。我觉得，如果能引导孩子喜欢几项体育运动，并养成健身的习惯，这比任何体育特长获奖都重要。

两个孩子最喜欢的运动是打乒乓球，并把打乒乓球变成一种游戏。例如，对空挑乒乓球，练到能同时用两个乒乓球对挑，最多时居然能挑到上百次。两个孩子喜欢与我打乒乓球。我的幽默也增加了运动的乐趣。例如，孩子打了个好球，我会说诸如"估计可以参加奥运会""这个球有点儿野生黄鱼的味道"；我打了个臭球，就会说诸如"这是学你的打法""这个球是榴莲鸡臭了一个月的味道"。

青春期前后，陈呆长高后相对有点瘦，他假期在家时，常主动邀我打乒乓球。有次我说，若干年后你得了菲尔兹奖，记者采访老爸，其中有一段，标题为"哥打的不是球，打的是肌肉"，陈呆为此乐了好几天。

总体而言，两个孩子小时的运动量还是不够的，这是我家庭教育中有点儿遗憾的地方。这有客观原因，比如我家搬到瑞安市区后附近活动场地不足，当然主要与我对体育没有高度重视有关。上大学后，两个孩子远离我的视野，我还在补运动习惯的"课"，不断地引导他们要加强锻炼。

二、塑造孩子的好性格

童年期孩子的性格还未定型，这时的性格塑造分外重要。

性格是可塑的

性格是可以塑造的。我小时性格很内向，考上师范学校时，我的老师都认为我并不适合当教师。后来，我却成为知名校长，足见性格是可塑的。

陈杳小时性格开朗，喜欢指挥他人。我觉得，对女孩子来说，性格应该温柔些、包容些，形成女强人的性格并不可取，于是对她加强平常心的培养。

我引导陈杳，发现他人有缺点时，不一定非要指出来不可，世界上没有绝对的事，缺点的背后也许就是优点，今天的缺点也许就是明天的优点。如果他人说自己不好，尽量不要难过，要想得通。有的人就是喜欢说别人坏话，你可以不听，也不必生气，否则是用他人的陋习惩罚自己。陈杳到初中时，已表现出与众不同的平常心。

陈杲小时，性格相对文静。我就特别培养他的刚性，教育他要有克服困难的勇气和志气，做一个能屈能伸的男子汉。在引导下，陈杲逐步变得有男子汉味儿，碰到困难时相对冷静与理智。读初一时，一次我接他回家，发现他跛着脚走路，原来是新鞋磨破了脚，他强忍了一天。后来因伤口感染，在家休息了一周。我引导他身体不舒服应该早点儿告诉大人，但更多的是对他表现出的男子汉气概的欣赏。

塑造性格，要充分尊重孩子的气质倾向，慢慢改变。长期引导，才可能激发孩子潜在的气质，才可能改变孩子原有的气质组合结构，达到塑造性格的目标。

培养孩子向善

善是人的基本修养，是事业成功的重要因素。曾有人说，现在的孩子太软弱了，要加强"狼性"教育，否则以后肯定会吃亏。

我觉得，这有点儿可怕，很可能会使孩子缺少朋友，如果养成攻击的习性，其人生隐患会明显增加。我常对两个孩子说"吃亏是福"，并通过名人的故事来引领。例如，南非前总统曼德拉，年轻时因政治原因坐牢，其间有两个看守常常虐待他，曼德拉获释时却说："出了牢狱，如果我心里还带着怨恨，实际上仍生活在牢狱中。"这些故事对两个孩子的影响很大。

我小时发生的"砖窑被放气"事件，对我家是个重大打击。几十年后，我父母也基本上知道，当时是谁做的伤天害理的事。而我善良的父母，讲到往事时，都能"一笑泯恩仇"。这件往事，对两个孩子潜移默化的影响很大。

两个孩子心地都很善良，富有同情心。陈杳小学时的一个同学，读中学后因习惯问题受到老师批评。陈杳为此打抱不平，说这个同学生活很艰难，老师怎么不了解情况就批评呢？后来这个同学辍学外出打工，陈杳既伤心又担心，说这个同学平时常常说小学老师怎么好，也许会听老校长的话，就用 QQ 加他为好友，叫我在 QQ 上说几句勉励的话。

多一些阳刚之气

许多家长都强调孩子听话。我觉得，孩子听大人的话原本没错，但不能让孩子事事盲从。不听话的孩子不是好孩子，但太听话的孩子不会有多大出息，一个孩子太纯洁又缺乏主见，如果受到邪恶因素侵蚀，更容易受到伤害。对陈杳，尽管我觉得女孩子应该有更多的包容心，但还是引导她凡事要有自己的主见。对陈杲，我更看重阳刚之气。

我引导陈杳与陈杲，对他人讲的话，要学会分析话语背后的道理，要有怀疑精神，不盲从。我有时故意说些怪怪的话，两个孩子会说"这想法真臭"，或"爸爸的话也有点儿道理，但不适合我"。上学后，我引导两个孩子要尊敬老师但不盲从。两个孩子常与我讨论，老师的什么话说得好，什么话不妥。这并没有影响老师的威信，反而能让他们俩更好地处理与老师的关系。

带两个孩子外出游玩，我习惯于先由他们说说外出的计划。例如，到江边玩，孩子会说要先看某个雕塑，再去买点什么吃的；例如，去见某个人，两个孩子会想一想要说些什么话。对他们的计划，我一般都给予表扬，并支持孩子按照既定计划办。如此一来，两个孩子就会有成就感。慢慢地，他们就有了计划的意识，并发展了计划能力，我也就乐得陪着他们，而不是带着他们。经过长期锻炼，两个孩子显得越来越有主见，阳刚性格慢慢就形成了。

陈杲上中国科学技术大学时要参加军训，高强度的体能训练并不符合年仅 14 岁孩子的生理特点。军训中好几位同学都晕倒了。一次，在烈日下进行高强度的体能训练时，陈杲提出"减免"，教官不同意；陈杲就"机智"应对，故意做些不协调的动作，结果受到教官的惩罚，从队伍中被拉了出来。事后，陈杲说："这惩罚正合我意，我不是自由了吗？"我表扬陈杲："你表现出了胆气与骨气！"

远离偏激

我常发现有些家长当着孩子的面说他人不对，说某某无能，我很为他们的孩子担忧。曾有家长反驳我说："为什么不能说某某不好呢？"我反问："你的目的是为了什么？是为了引导孩子长大后与某某作对吗？"事物都是一分为二的，只说某某无能，并不客观，特别是孩子的思维具有局限性，常对孩子说阴暗面，容易使孩子变得偏激。

我很注重教育陈杳与陈呆要一分为二地看问题。当两个孩子说某人、某事很好时，我会引导他们说缺点；反之，我会引导他们说优点。对社会丑陋现象，我也不会遮遮掩掩，我觉得，让孩子了解阳光下的阴影是必要的，只是要引导孩子认识到正义是社会的主流。

从读小学高年级开始，我就让两个孩子看报纸，从小接触社会上或阳光或阴暗的种种现象，并常常一起分析现象背后的原因，使两个孩子对社会的认识相对客观。陈呆考上少年班后，教语文的林海霞老师要写篇报道，陈呆说了一句话："好就是不好，不好就是好。"我表扬了好几次。一分为二地看问题，就不容易偏激，碰到困难时才不会钻牛角尖。

抓住性格塑造的关键期

青春期时，孩子的生理、心理急剧变化，会变得敏感，有时会无故地忧伤，有时会为一点儿常人都不在意的"缺点"而自卑。这时期的家庭教育如何体现尊重，显得更加迫切。

陈杳与陈呆到了青春期，我基本上也就少有批评了，更多的是分析、讨论。我很高兴，两个孩子基本上没有出现逆反心理，我们一直保持平等谈心。毕竟做父母的人生经验丰富，两个孩子有什么苦恼也愿意与爸妈交流。

青春期的性教育很重要，这不仅是性生理、性心理卫生，更关系到人的性格。孩子青春期发育时，心理会很"动荡"，性格也有可能会蜕变。性教育一直以来都是个难题，学校对性教育做得好的还真不多。家长如果没跟上，孩子由于好奇往往只能从网络上寻找答案。网络上鱼龙混杂，许多文章既不科学还很夸张，很有可能会误导孩子。

两个孩子生理卫生方面由我们夫妻俩分工，陈杲由我负责，陈杳由我妻子负责。许多知识在青春期前就开始了。性心理方面，主要帮孩子释疑。我一直想找一本适合孩子青春期看的性教育的书，遗憾的是，发现书店这类书大部分都是从医学的角度编写的，并不利于心理教育。

有一次，我在书店看到人民军医出版社的《花蕾悄悄绽放——中学生自我性教育（女生篇）》和《当嗓音变得沙哑的时候——中学生自我性教育（男生篇）》两本书，相对信得过，就买来送给 13 岁的两个孩子作为礼物。

陈杲读大学时，陈杳正好读高中。上学前，我与两个孩子讨论了一次关于恋爱与婚姻的话题。我引导的核心是责任。我说万一有喜欢的同学，要谈恋爱完全正常，每个人都要经历这段美好的时光。但相互尊重是前提，不能伤害他人或者被他人伤害到，这是做人的责任。

我特别谈到，有的人从小树立远大理想，想不到谈了场恋爱，恰恰又失恋了，就变得消沉，这种低境界，对自己、对家人都是极不负责任的伤害。"恋爱都成为过不去的坎儿，还算什么有出息的人？"两个孩子表示，谈恋爱成功不成功都是正常的。还说："如果有什么眉目，会报告爸爸妈妈参谋参谋。"

三、习惯养成宜早不宜迟

不管是好习惯还是坏习惯，都是长期积累的结果，所谓"冰冻三尺非一日之寒"。习惯培养，重在坏习惯养成之前，就将好习惯教给孩子。

自己的事情自己做

孩子应该做自己力所能及的事，这是基本的责任心。我要求陈杳与陈杲吃饭后将饭碗拿到洗碗池，如果把碗放在桌上，就要受批评；吃饭时饭掉在地上，一定要自己捡起来。

我曾在学校向教师倡导，把用过的一次性茶杯带走。茶喝完后随手把茶杯放在垃圾桶，是举手之劳。如果留给他人，就是脏东西；如果在里边留些茶水，更给人造成麻烦。我把这个要求对两个孩子说了，两个孩子也都注意了拿茶杯的事，并体会尽量少给他人惹麻烦的道理。

两个孩子平时养成了良好的作息习惯，婴儿时晚上 8 点睡觉，早上 6 点起床，3 岁开始就基本上不用大人操心。两个孩子有睡觉前洗脚的习惯，很小时就自己打水了。我即使看到他们吃力地端着洗脚水摇摇晃晃地走，也让他们试。有几次，洗脚水都倒了出来，需要用拖把拖一下，我还是让他们自己来。

两个孩子幼儿时，常在大人的引导下整理房间。多次引导后，他们也逐步形成了定期整理房间的习惯。上学之后，我关注书包是否整理好了，但不会帮助整理书包。

两个孩子刚读一年级时的一天晚上，我与妻子外出回家迟了，两个孩子很委屈，埋怨我们回家太迟。原来老师布置了听写作业，没人听写没法写。我问："这些字词都不难，为什么非要听写不可呢？"他们说，实际上默写也可，姐弟俩互相听写也可以。我就说："这么好的办法为什么不用？你们上学了，怎么想把爸爸妈妈拉下水呢？"此后，两个孩子学习上的事，能自己完成的，也就很少叫我们帮忙。

心中有他人

我很注重引导陈杳与陈杲，有好东西要与别人分享，要尊重他人，一举一动都要考虑会不会对他人造成伤害。

陈杲小学五年级在瑞安市安阳实验小学就读。一次，课间有事到我办公室，出去时用力将门往外推，被我叫住了。经我的引导，陈杲明白了一个道理：可以往里拉也可以往外推的门，一定要往里拉，往里拉显得谦虚而往外推则显得张扬。而且，如果用力往外推时，正好走廊上有小朋友跑过，就容易出安全事故。陈杲问："如果门只能往外推呢？"我说："那也不能很着急地往外推，要慢慢地推，确认不会对他人造成伤害后再推门而出。"这不是小题大做，这些细节之处，正是培育良好习惯的契机。

我常与两个孩子讨论一些目中无人的现象。例如，在公众场合大声打手机，随意插队，一边走一边嗑瓜子等。一次，我与陈杲外出，看到人行道上停着几辆车。我们分析，这首先是因为停车位太少；同时，车主的心里也根本就没有他人，车没处停，自然是困难，但停在人行道上，就把自己的困难变成了更多人的困难。这样的行为如果形成习惯，迟早要吃亏的。

我也常给两个孩子讲些名人的故事。例如，印度国父甘地，一次乘火车时不小心掉了一只鞋，他马上把另一只鞋也扔下火车。旁人不解。甘地说："这样做，他人捡到的会是一双鞋。"这些故事，都给两个孩子以启发。

喜欢与大人说话

陈杳与陈杲只要肯与我说，不管说什么，我都表扬。婴儿时，一些事情说得不清楚，即使听得云里雾里，我一般也不予纠正，我觉得肯说比说得好更重要。表扬多了，两个孩子就喜欢与我聊。

平时我下班回家，两个孩子会争先恐后地向我报告一天中发生的事，我有空就听详情，忙了没时间了解细节，也会笼统地给予表扬。两个孩子上学后，几乎每天都会向我讲述学校里发生的事。有时我出差回来，两个孩子要说的话就更多了。

每当看了书后，两个孩子自然更喜欢向我汇报。我的激励方法也是表扬。有时，事情忙了，或者心情不好，两个孩子说个不停，也着实觉得有点儿吵，但想到孩子的教育是家长的天职，有什么好烦的呢。有次，陈杳向我讲一件事，讲得很长，我急着看一则新闻。陈杳用手在我眼前晃一晃，测试我到底真在听还是做做样子。我说："在听呢。"陈杳不高兴了，说："报纸重要还是女儿重要？"我忽然感到自己是不对的。后来听两个孩子讲话时，我都很专心。如果真的太忙了，就对他们说过段时间再讲，两个孩子也会理解。

实际上，说话对作文也很有好处。语文学习，听、说、读、写是相通的，只要孩子喜欢说，记下来，不就是作文吗？同时，说话的过程也是思考的过程，话说得清楚了，孩子的思维能力也发展了，逻辑性也就强了。所以，让孩子多说，不仅仅是习惯，对能力发展，对学习成绩的提高，都有意想不到的好处。

学会怀疑

想让孩子养成良好的学习习惯，首先要培养孩子的怀疑精神。

陈杳与陈昊小时，我引导他们找书中的错别字，让孩子明白，字都会错，书中内容也不一定都是真理。后来，生活中不断碰到意想不到的社会现象，如大米有毒、包装物有毒，两个孩子从报纸上看到了，都会唏嘘一番。这让他们无形中养成了怀疑的习惯。有时，看到报纸上报道有关骗子的事，两个孩子都会进行分析，讨论如何应对。

两个孩子上学后，我鼓励他们在思考后发言。我说："想都不想就发言，这是浮躁。要有与众不同的想法。"有时两个孩子会说老师的一些话错了，我一般也给予支持。我国教育强调标准答案，我觉得这会束缚创新能力的发展。长此以往，会形成凡事找标准答案的思维习惯。我引导两个孩子，要敢于否定标准答案。

两个孩子刚看报纸时，认为报纸上讲的都是对的。我就与他们讨论，报纸是由人编辑的，记者、编辑也是人，肯定都会有局限性，而且有可能是有偿新闻，所以报纸上说的不一定都是真理。后来，两个孩子看报纸，看到一些文章，也会以怀疑的眼光进行分析。

两个孩子对科学特别有兴趣，常找书中的漏洞，尤其看到一些有关科学的信息，常常怀疑其准确性，到处找佐证材料，非弄个水落石出不可。

陈杳读初中时的一天晚上，我和她坐汽车外出，灯光从车窗进来变幻无常。陈杳突然兴奋地说，发现书上讲的光的传播方式是错的，对我讲了很多光学原理。后来，她查找了资料，发现是自己想错了。怀疑是个好习惯，怀疑多了，能激发创新的欲望，而这是当前孩子所普遍缺少的。

培养好学习惯

陈杳与陈昊婴儿期时，我家住塘西村。新房共四层楼，我就将第四层的前后间都安排为书房。我常带两个孩子上四楼玩，有时让孩子找些喜欢的书，带到二楼、三楼他们的卧室，过段时间让孩子把书送回四楼的书房，类似于到图书馆借书。

一天，陈杲奶声奶气地告诉我，在书中找到了许多"字的一家人"，如称大号的"瑞"为爸爸，小号的"瑞"为儿子。这对两三岁的小孩来说，可是重大发现！不久，我又惊喜地发现陈杲喜欢上了数字，他天天看书的页码，不时还找出一些数字的规律来。这些行为受到我的表扬，自然利于孩子养成爱学习的习惯。

两个孩子4岁时，我家搬到瑞安市区。一天，我带他们到离家约200米的新华书店买书。陈杲问："为什么我们家离书店这么近？"我说："爸爸从小想看书，可当时农村里没书，所以现在将家搬到新华书店边。"两个孩子似有感悟，为父母无书的童年流露出惋惜的神情，表示自己一定会多看书。

新家140多平方米，为复式房，楼下是厨房、客厅，楼上有四个房间。搬家前，我对房子重新设计，特意在楼上设计了一个书房，还将书房上面的阁楼开辟成藏书室。

两个孩子上学后，书房就是学习室。每当两个孩子在学习时，我们走楼梯都有意识地放轻脚步，既减少影响，也向孩子传递父辈对他们学习的重视。我特别在家里营造了浓厚的劝学氛围。墙壁上的名人名言，不经意间放置在书架上的新书，不时放在书桌上的科技新成就的报道新闻，都让两个孩子兴奋不已。

曾有家长对我说，孩子双休日都喜欢玩，盯一会儿才会学一会儿，不盯就开始玩了，心里很苦恼：不让玩吧，毕竟是孩子；让玩吧，总不能不学习。

我建议以作息时间表来引导。有了时间表，孩子休息时间可放心玩，学习时间就认真学。做到劳逸结合，更利于形成良好的学习习惯，家长也便于监督。陈杳与陈杲学习越来越拔尖，与从小养成的良好作息习惯是分不开的。特别是双休日和寒暑假，他们基本上都能按作息时间表实施。

孩子的志向是形成学习习惯的重要动力。两个孩子从小希望当科学家、作家，有了梦想就会有激情，好习惯形成也就水到渠成。我好几次故意贴着书房门缝，故意说："轻点声，科学家（作家）正在学习呢。"两个孩子的耳朵都很灵，听到后学习就更认真了。

四、情商比智商重要

情商主要指人的情绪、情感、耐受挫折等方面的品质，包括认识自身、自我激励、认知他人的情绪、人际关系的处理等。人的成功，很大程度上取决于情商；人的幸福，也与情商有关。

感恩从孝敬长辈开始

现在许多家长对孩子很关爱，却常常忽视孝顺教育。如果孩子不孝顺自己的长辈，那么感恩他人也就无从谈起了。

我常常引导陈杳与陈杲在大人有困难的时候要伸出援手。例如，大人感冒，孩子要关心。两个孩子出生时，我父母一起参加养育，为两个孩子的生长含辛茹苦。陈杲婴儿期，有一次感冒了，我母亲抱着陈杲坐人力三轮车去看医生。路上三轮车翻了，我母亲保护陈杲，自己却脸着地，肿得很大，半年多才恢复正常。我常讲这件事，两个孩子因此就多了份感恩之心，对爷爷奶奶自然特别亲切，表现出特别的孝心。两个孩子读大学后，基本上每周都不忘问候爷爷奶奶。

感恩需要表达，要不忘对长辈的问候。长辈生日时，或情绪不好时，都要关心一下。我平时有什么困难，也选择一些与两个孩子讨论。

两个孩子读小学时，我专门为他们配备了两人合用的手机，主要用于在节日的时候，以短信息表达对长辈、老师的问候。

上进心与平常心

上进心与平常心是一对矛盾的统一体，对不同孩子在不同场景下的教育要有侧重点。例如，性格急躁的孩子，要多加些平常心教育；而性格文静的孩子，则要多加些上进心教育。

孩子如果缺乏上进心往往会一事无成。因此大人要通过鼓励，让孩子对未来充满期待。没有哪个孩子是不求上进的，家长要看到孩子在为人处世、兴趣爱好方面的进取心，要从孩子的兴趣追求中发现其潜在的价值。当你以显微镜似的眼光放大闪光点时，孩子就会显得阳光而上进。

陈杳与陈杲上进心有余，所以我更多地进行平常心教育。我总是教育两个孩子，每个人都有许多优点，也都有不如他人的地方，得不到的东西不能太勉强，要看到自己的不足。

陈杳小学时很想当三好生，却一直未能如愿。陈杳成绩也拔尖，好几次在选举中都排第四名，可一个班三好生也就两三人，所以一直都轮不上。陈杳小学三年级以前都在她妈妈任教的瑞安市实验小学就读，四年级开始在我任校长的瑞安市安阳实验小学就读，要照顾一下也可能是人之常情。六年级时，老师问我是否给予照顾，我说，不能刻意照顾，后来也就一直没当成三好生。陈杳心里多少有点儿遗憾。

我觉得，人生本来就是有遗憾的，在生长历程中留一点儿遗憾，会是一种很特别且弥足珍贵的财富。我对陈杳说："每个人都有长项、短项，想每项事情都最好，本身就不现实，做人应该量力而行。"陈杳读小学时没有当成三好生的经历，让她拥有了难得的平常心。我没有给予照顾，自认为这是一步好棋。

做人需要责任担当

在我的童年记忆中，我母亲曾带我们去买点心。为了省钱，母亲只买我与哥哥的份，自己不吃。这件事虽小，却让我感受到母亲的至爱，并增强了为家庭脱贫而勤奋读书的责任心。因为这样的亲身经历，我也有意让陈杳与陈杲感受家庭的责任。

我若晚上回家迟，都会提前打电话告诉两个孩子；我出差时，什么时候上飞机、住宾馆，都会向两个孩子报平安。这看似小事，却既能向孩子传递亲情，也表现出少让家人牵挂的一种责任。

受我影响，两个孩子读大学后，都会定期与我们电话联系；碰到一些特别的事，或生病，或外出校园时，都会及时与我们联系以免我们担心。

我总是想方设法让两个孩子感受长辈为了这个家而付出的艰辛。两个孩子出生前后，为了增加收入，我曾做过兼职律师，这些经历我都对两个孩子说。

我读大学期间，曾只身赴北京做生意，在上海公平码头经历了挫折。这一经历虽与两个孩子无关，但我还是常给他们讲述，希望他们能体会当时我对家庭的责任心。2007 年年底，我特意带两个孩子在大雪中去了公平码头，让两个孩子感受我当年的"沦落"。

1998 年，我通过银行贷款在市区买了房。我常对两个孩子讲我如何通过努力在瑞安市区安家的故事。两个孩子曾对我说："爸爸放心，我们好好读书，长大了赚钱还贷款。"

培养不怕困难的勇气

人的一生会不断地面对困难，不管做学问还是生活，都需坚强的意志力。陈杳与陈杲的志向都曾是当科学家。我与他们谈心：科学研究是很困难的，有时还很残酷，100 次研究，可能先要经历 99 次失败；100 个人研究，有 1 个人取得成就，其他 99 个人就当了陪衬。因此，要当科学家，比的就是意志力。

温州人善于从商，两个孩子身边不乏跌倒了又坚强爬起来的商人典型。有意识地让两个孩子分析这些人的事迹，常有成效。

我大哥初中后辍学，先做砖，后办厂，历经千辛万苦才有了富裕的生活。两个孩子小时，我的侄儿浩也住在我家，我常对侄儿浩讲他爸爸创业的故事，两个孩子自然也常听到。家族中的榜样，传递了吃苦的精神。

我常拿工作中碰到的困难与两个孩子讨论。

我在瑞安市安阳实验小学当了十年校长，碰到了几次管理危机。有一次，当地村因为征地后返回地存在异议，因征用的地有部分用于学校，村民就到学校闹事，给我的工作造成很大被动。我当天就把情况与两个孩子交流，两个孩子很紧张，我说，学校管理就是这样，越是有困难，越可能出成绩。

又有一次，我们学校评选了创业型家长，用意是希望学生了解父母创业的艰辛，想不到被媒体炒作成"评选哪位家长最有钱"，网络上也出现谩骂声。我也把这件事告诉了两个孩子，他们经历了全过程，真切感受了"爸爸笑对困难"的勇气。不知不觉中，两个孩子不管碰到了什么困难，也常常能表现出平和的心态。

2010 年 9 月，16 岁的陈杲刚开始独立生活，恰巧指甲患了甲沟炎。我以为这是小事也就没有理睬。想不到两个月都好不了，手都不能伸到水里，洗脸、洗澡、洗衣服自然碰到困难，但他都没吭声。两个月后，我去合肥发现了问题，看了好几个医生才看好。我责备他为什么不早说，他说："这些小事儿算什么？"

陈杲 18 岁时，去美国读博士。毕竟去的地方这么远，又是异国他乡，饮食不知是否习惯，万一生病后怎么办，这些都是可能的困难。但陈杲说："别人都适应，我怕什么？出去再说。"表现出不凡的勇气。

五、只学课本知识是远远不够的

课本为孩子提供了学习的知识体系，但仅把课本上的知识学好是远远不够的。课本上学的是方法，真正的本领靠课外。

品尝自由阅读的快乐

陈杲考上少年班后，有许多家长希望得到陈杲小时阅读过的书单。这可让我为难，我家并没有什么书单。

我有个比方，知识如粮食，孩子生长需要粮食，五谷杂粮均衡就好，并不一定需要什么特别的粮食清单，更没必要非要吃哪个品牌的粮食不可。现在有些专家研究出了一些书目，我觉得大致做个参考就可，千万不要认为这有什么科学原理而不敢越雷池一步。

我特别提倡自由阅读，即阅读是没有书单的，没有规定孩子读什么书。选择什么书、什么时间读、是否将整本书读完，完全是孩子的自由。我家每个房间都有书，陈杳与陈杲可随时凭兴趣翻翻。我平时不定期地陪两个孩子去书店，至于买什么书，都是两个孩子自己的事，我管的就是买单。书买来后，什么时候读，我也不会管太细。有时感到一些书不好看扔在一边，我也不责备。我想，孩子不喜欢看某本书，说明这本书买错了；而如果硬撑着看不喜欢的书，肯定会折磨人，是错上加错。

自由阅读并不等于放手不管。有些书或有暴力倾向，或带色情因素，或与核心价值观格格不入，这就需要家长把关。

我调控的方法，主要是听孩子说体会。两个孩子读了什么书，有什么感受，都会对我说。不管他们说什么，我几乎都表扬。表扬多了，他们就更喜欢对我讲。与两个孩子讨论读书体会，就很容易判断他们的兴趣和书的价值，这本身也是让孩子品尝阅读快乐的过程。

两个孩子不在家的时候，我会大致浏览一下他们正在看的书，发现有些消极的东西，我会通过巧妙的形式给予批判。例如，发现书中有暴力倾向时，我不会直接说书中什么不好，不然孩子会发现我在偷看他们的书。我会对孩子说，有些人很暴力、很可怕，好孩子不能学这些东西。每当这时，孩子会把书中暴力的地方指给我看，我就表扬。这样一来，孩子自己看到有问题的东西时，也都主动与我讨论。调控跟上后，其他方面我也就乐得清闲，两个孩子反而拥有特别宽松的阅读环境，养成了博览群书的好习惯。

读报纸打开了解社会的窗口

阅读，贵在"饮食平衡"。要让孩子读各类"杂"书，不仅只读文本的书，还要读社会这本大书。小树生长，靠的是根系，需要汲取不同的养料。孩子的学习也一样，如果只读学校开设课程的书，或者只做老师布置的作业，即使每次都考满分，也不见得就好。

从小学中年级段开始，我就注重给陈杳与陈杲提供不同的"营养"，让他们尝试看报纸。先读《温州都市报》《温州晚报》，后来读《环球时报》。当时我也曾担心，报纸上都有少儿不宜的新闻，过早接触是否会影响孩子健康生长。但我想，现在是信息时代，希望靠堵的方法对付消极的东西，不如直接面对并通过讨论帮助孩子学会规避。两个孩子自由读报纸，不时了解社会的阳光面与阴暗面，通过亲子间对话进行价值观引领，这一方法被我戏称为"打预防针"。

读报纸大大开阔了两个孩子的视野，使他们能客观地观察与认识社会。而且，通过说报纸上的新闻，两个孩子说话的能力也变强了。说话，锻炼的正是概括与分析的逻辑能力。

意想不到的是，读报纸还使两个孩子的作文水平得到了提高。因为作文与知识面有关，与对社会的认识有关。陈杲因跳级，年纪小，心智不成熟，读初中时作文还相当弱。后来因为坚持读报纸，陈杲的作文在高中时显示出优势，并形成了自己的特点。一是语言很直白，文风简约凝练，没有受到一味追求优美词句的浮躁文风的影响；二是以知识面与逻辑分析取胜。陈杲在高考中语文考了 107 分，位列班级前茅。这一成绩的获得，读报纸是有贡献的。

在我们家，一家人各自低头看报纸，几乎每天都会发生。2007 年，陈杳读初中，陈杲读高中，正是学业最忙的时间。有位朋友到我家，看到两个孩子居然在看报纸，想到自己的孩子每天生活在作业堆里，感慨不已。

带孩子到社会大课堂中去

知识不能单从书本上获得，纸上得来终觉浅。陈杳与陈杲婴儿期时，我家住在农村。我经常带两个孩子去田野，看看牛如何吃草、云朵如何变化、水稻如何生长；到建筑工地，看看建筑工人打桩、筑路、装修。

2001 年年底，我全家到上海过年。两个孩子第一次坐火车，兴奋不已。一路上，他们一起数火车过了几个隧道。每到一个站点，我就穿插讲些与这些地方有关的事。例如，到了丽水，我说，丽水过去叫处州，就说了"璋州橘，处州梨，吃外面的肉，剥里边的皮"的谜语，引出了鸡内金的话题。还讲了与丽水有关的温州民间故事《高机与吴三春》。两个孩子了解了什么是员外，什么是卖绡，什么是艄公，知道了古代织布的事，知道了瓯江的源头在龙泉。就这样，一路旅程一路故事。到上海后已是凌晨，两个孩子第一次熬夜，也是一种体验。除夕夜晚，我们一家人到南京路去，平时繁华的南京路也少有人影，但霓虹灯依旧。两个孩子深刻体会到大都市的繁华，很惊讶于上海大年夜的鞭炮声、南京路夜景的亮丽，处处都有新鲜感。

我们全家先后三次去上海过年。第二次时先去杭州，除夕到上海，春节后再去苏州、南京。第三次主要去拜访蔡笑晚先生，并去公平码头，寻找"爸爸曾经沦落的足迹"。上海的科技馆、苏州盘门景区的水闸门，都让两个孩子兴奋不已。陈杲参加高考时，作文题目是"感悟乡村"或"触摸城市"二选一，陈杲选了"触摸城市"，写了对上海的印象，从中分析上海文化与温州文化的区别，自我感觉独特又有点深意。后来语文考了高分，估计作文分数会很高。

我也常带两个孩子去看名胜古迹。2002年年底，我与陈杲在清华园里漫步，我说："这地上的每一块石子都有名人走过。"陈杲接着说："是的，也包括今天我在走。"我特别称赞了他。2004年，我带陈杳去北京，专门去孔庙看碑林，欣赏历代状元的文字石刻；去了雍和宫，初次接触藏族文化。2010年年底，在冰天雪地里，我与陈杳漫步在北京大学未名湖畔。这些体验，课本上可是学不到的。

不追求考高分

孩子读小学，100分的试卷要考个90分相对容易；而从90分考到95分，要花一些精力；从95分考到100分，需要花太多的精力。

我一直认为，如果能轻松获得90多分，说明孩子具备学习能力，不如省下时间用于自由学习。长此以往，在能力、在知识面上会有更多的收获。陈杲读中国科学技术大学后，我看到著名数学家陈省身教授给少年班的题词是"不要考满分"，与我的想法正好吻合。

每次陈杳与陈呆考试后，也会告诉我分数，我一般都给予鼓励。一般家长看到 90 分、95 分，可能会找找原因，看什么地方出错了，以及如何再努力一些。而我则觉得，没有机械训练也能得 90 多分，说明基础掌握得不错，可以抽出更多时间自由学习。

我不追求高分，无形中让两个孩子多了些自由时间。我引导他们将节省的时间用于自由阅读、社会实践、科学探究、超前学习。从短期看，也许对分数不利，但从长期看，两个孩子都表现出与众不同的学习能力。这时候，考高分就是水到渠成的事了。

陈呆高二时参加高考，取得比重点线高 84 分的好成绩。陈杳参加南方科技大学自主招生，也取得高分。

2008 年 7 月 11 日至 16 日，陈呆参加中国科学技术大学少年班复试。复试共安排 8 场，其中面试 1 场，数学、物理各 2 场，英语 1 场，心理测试 1 场，非智力测试 1 场。15 日下午进行学业面试，主要考查对数学和物理的理解程度。陈呆回忆当天的对话如下——

教授：你学完高中数学了吗？

陈呆：高一时就学完了。

教授：那你上课时在干什么？

陈呆：我有时在思考，如果改变一下书上题目的某个条件会得到什么结果。例如，书上把向量的积定义为向量的长度之积乘以它们夹角的余弦值。我就想，如果把向量的积定义为向量的长度之积乘以它们夹角的正弦值，会得到什么结果。我发现，它与面积有一定关系。

教授：太好了，这种学习方法非常好。你知道"嫦娥一号"吗？从发射到抵达月球，经历了哪些阶段？

陈呆：先是相对地球较低的轨道，经过多次加速到达地月轨道，在靠近月球的地方多次减速，最后在相对月球较低的轨道运行，它的主要任务是拍摄月球，为进一步探月做准备。

教授：为什么变轨不一次性完成，而是几次加速和减速？

陈昊：因为推力不够。一次性完成速度不够。

教授：如果你用方形的管子吹肥皂泡，吹出来的是方形的吗？

陈昊：是球形的。因为肥皂泡受到表面张力，表面积会减小，球形表面积最小，当然我认为它不完全是球形，形状应该类似于水滴，因为它也受到重力的作用。

教授：肥皂泡为什么会五颜六色？

陈昊：因为肥皂泡外膜和内膜反射的光相互干涉，不同颜色的光在不同地方会加强或削弱，所以五颜六色。

教授：如果你盯着肥皂泡的一个地方看，颜色会改变吗？

陈昊：会的，因为肥皂泡在胀大的过程中，膜会变薄，而且我认为盯着的不可能是肥皂泡的一个地方，因为它是不断流动的。

教授：好！地球上最大的生物是什么？

陈昊：陆地上是大象，大海中是鲸。

教授：你认为鲸如果生活在陆地上，会长这么大吗？

陈昊：不会。首先，食物不够，在大海里吃完一个地方的食物可以游到另外一个地方吃，而在陆地上移动不方便；其次，鲸体重太大，如果有脚也承受不住体重。

教授：你知道圆锥曲线吧，它们为什么叫圆锥曲线？

陈昊：因为把两个圆锥顶在一起，用平面去截它，得到的就是圆、椭圆、抛物线或者双曲线。当平面与圆锥面平行时，得到的是抛物线；稍微倾斜时得到的是双曲线；向另外一个方向倾斜，得到的就是椭圆或者圆。

教授：它们有什么性质吗？

陈杲：它们到一个点的距离与到一条直线的距离之比为一个常数，叫作离心率。当离心率等于1时，为抛物线；大于1时，为双曲线；小于1时，为椭圆；等于0时，为圆。

教授：圆的这条直线在哪里？怎么思考？

陈杲：在无穷远的地方。当离心率等于0.1时，距离较远；离心率等于0.01时，距离更远；离心率等于0时，距离为无穷远。

…………

面试后，陈杲说，教授很高兴，估计很满意。

陈杲入读后，我与少年班学院的一些老师也熟悉了。有老师说，陈杲的面试成绩好像得的是最高分。

我想，如果陈杲没有长期的自由阅读，只靠平时学课文、做作业，是不可能有如此广的知识面的。

六、从细微处培养能力

能力，包括智力，还包括特殊能力，如思辨能力、创新能力、操作能力、规划能力、人际交往能力等。智力的开发固然重要，而我更看重孩子的自控能力、自立能力、自学能力与创新能力。

早期智力开发

智力与遗传相关，也与饮食相关。因民间有"吃鱼使人更聪明"的说法，陈杳与陈杲在乳儿期，我就在米糊里适量加些鱼。

早期开发智力，如果合适，会有意想不到的效果。为什么说"合适"？因为一个孩子一个样，世界上还找不到适合每个孩子智力发展的金钥匙。但大体上有个规律，如智力发展需要载体、智力发展有关键期等。钢琴、绘画是培养智力的有效载体，跳绳、爬树能培养智力，玩泥巴、打水仗也能培养智力。选择什么载体，要观察孩子的兴奋点。

一周岁前的乳儿，主要以长身体为主。但我对陈杳与陈杲乳儿期的智力开发，已开始花些心思。

智力开发方面，主要通过听觉、视觉、触觉、味觉等刺激。味觉方面，在米糊中添加不同的食物，让孩子感知不同的味道。

听觉方面，听一些柔和的轻音乐，音量特别低，以免有副作用。刚开始，两个孩子也没多大反应，但我觉得，没反应并不意味着没效果。果然，两三个月后，孩子对音乐就有好感了。这时，家里配了一些声音轻柔的小铃铛，六七个月后，配备了一些拨浪鼓。当然，所有这些玩具，都是精心选择的。如果声音过大，我就不用。

视觉方面，先让陈杳与陈杲看些不同颜色的彩带；抱他们玩时，看看房间里的实物，一边看一边讲。刚开始时，两个孩子没反应，但我们坚持做，后来就有了反应，看到不同的彩带、东西会笑。人们常说，眼睛是心灵的窗户。

我深信，让两个孩子多动眼睛，利于大脑发育。

触觉方面，主要是在孩子的手、脚上轻轻抚摸。1 个月左右，摸孩子的手心和脚，手指、脚趾就有反应了。稍大些，我主要训练他们手的灵活度。

当然，两个孩子的智力开发，主要在婴幼儿期。我特别鼓励两个孩子玩创新游戏。自创的下棋法，过家家游戏，演历史剧、儿童剧，都利于培养丰富的想象力。两个孩子玩儿的筷子玩具，对智力发展影响较大。摆数字，为什么非要用筷子摆？这里还有动手的训练。手是第二大脑，动手使人变得聪明。陈杲更喜欢用筷子段摆算式，陈杳喜欢用长短不一的筷子段摆"画"。

培养自控能力

在这个充满诱惑的社会里，如果缺乏自控能力，很容易出问题。

陈杳与陈杲3岁前，我家三年不看电视。3岁后，我选择了少儿节目，看完之后，必须马上关掉电视。

一次，两个孩子还想看电视，我就让他们看《新闻联播》，孩子没有多大兴趣。我说："好的节目给你们看，'不好看'的节目给大人看。"

孩子长大些后，我就跟他们讲道理："看电视浪费时间，还会让人变成近视，人只有一双眼睛，要留着关键时候用。"

看电视有所选择，非常利于自控能力的培养。

陈杳与陈杲的饮料，我一直提倡喝开水和牛奶，诸如可乐、雪碧之类的饮料，除满足好奇心喝一点儿外，我不提倡喝。

我一家人对饮料的认识比较统一，两个孩子从出生开始就喜欢喝开水和牛奶。我家亲戚比较多，当地的风俗习惯，逢年过节时亲戚会送一些流行的饮料过来，我也很少让孩子喝。凡新饮料，两个孩子好奇，让喝一两罐就适可而止。

喝开水和牛奶的习惯，有时也受到亲戚的反对，说我对孩子苛刻。一次，在亲戚家的酒席上，我让两个孩子喝牛奶，受到亲戚的批评。后来，凡酒席上，我允许陈杳与陈杲喝任何饮料，但在家里坚持老习惯。

上幼儿园后，陈杳与陈杲常对我说，某某小朋友专门喝可乐什么的。我说，流行的不一定都是好东西，流行感冒就不是好东西。我就教育孩子，别人喝什么饮料，我们不要反对，因为每个人都有自己的生活方式，"大家都喝可乐，不是有更多的牛奶让你们喝吗？"两个孩子听了都乐呵呵的。

我总觉得，朴素的东西往往是最好的东西，朴素的生活也是最好的生活。经长期引导，两个孩子自控能力特别强，口味最好的饮料都不会对他们产生太大的吸引力。

锻炼自立能力

自立，既是习惯，又是能力。能力靠锻炼。

我小时，父母辛勤劳作，没有太多的闲暇陪我，这倒让我有了更多独立生活的机会。我常与小伙伴们去田野里捉泥鳅，到海边滩涂捉蟹。十来岁时有次去邻乡看电影，当晚发生踩踏事故，我们都在危险中成功自救。我觉得，当前的孩子，相比我们那一代，在独立生活能力的锻炼方面，普遍有所欠缺，这是社会大环境给教育带来的遗憾。

我也曾想到让陈杳与陈杲多些这样的锻炼，考虑到当前社会治安问题突出，对诸如此类冒险的事没有行动。不过，虽然社会实践方面削弱了，但两个孩子的自立能力，还是发展得不错。两个孩子从小穿衣服，我们有意识地少帮忙；起床、睡觉，都没有等我们叫。两个孩子9岁时先后转学到我所在的瑞安市安阳实验小学，离家有四公里远，我就让他们坐公交车。陈杲上大学时不到14岁，正是长身体的时候，我怕住集体宿舍影响身体，先让我父母陪读。但是到了大三，刚过16岁，我父母就回来了，陈杲就真正独立生活。陈杳考上大学后正好16岁，参加军训开始就完全独立生活。

自立能力的培养，人际交往能力是基础。两个孩子从小与人交往时彬彬有礼，不管是中小学阶段，还是读大学时，与同学交往都很好。与同学关系好了，许多事情可以互相帮个忙，我也就乐得不用插手。我插手少了，又能锻炼他们的自立能力。

自学能力是发展之本

跟着老师学习，也能发展学习能力，但这种能力与自学形成的能力是不可同日而语的。学校的学习毕竟是有限的，希望孩子长大后有所作为，培养自学能力是根基。

我觉得，孩子的学习，宏观上要听老师的，微观上要自学。为什么要听老师的？因为学科知识都有体系，如果没有老师的宏观引领，学习容易走弯路。为什么要自学？这既能帮助孩子寻找最佳的学习方式，又是能力培养的重要途径。陈杏与陈杲之所以能形成较强的自学能力，与我这个思想及引导是有关的。

两个孩子的自学，从幼儿期就开始了。当很多孩子听妈妈讲故事的时候，我尝试着让两个孩子看图文并茂的故事书。两个孩子碰到不认识的字就会问，大致上都能学得懂故事。我喜欢听两个孩子讲故事，他们想怎么讲就怎么讲，我都给予赏识。我没有刻意教孩子识字，但日积月累，两个孩子上小学前，儿童读物基本上能读得下来。

两个孩子提的问题，我大多数情况下都叫他们先自己想办法。让他们自己想办法，不是说放手不管，我会在几天后再询问。孩子或说找到资料了，或说找老师问了，我都表扬。不只是表扬解决问题本身，更表扬他们解决问题的途径与方法。当然，有时候两个孩子的能力不及，该是我出手的时候了。知晓的，自然给予解答；不知晓的，一般会帮助查阅资料，或者找老师咨询。每当解决了问题，两个孩子那种兴奋劲，不是靠灌输可以获得的。

上学后，两个孩子尝试拓展学习、超前学习。长此以往，两个孩子从自学习惯中慢慢形成了自学能力。我的体会是，孩子不会自学，最好的办法，是早点儿尝试自学。正如孩子不会游泳，最好的办法是早点儿进游泳池一样。我曾看到一幅画，画的是父母两人，拿着剪刀剪孩子的羽毛，画下的配字为："你总是不断地剪掉我的翅膀，现在却要我飞翔！"我觉得，这很值得所有家长深思。

呵护创新能力

许多人听到创新能力，仿佛与重大发明有关，好像很遥远。实际上，创新就在身边。孩子天生会创新，拿到任何玩具，大人不用讲，都会玩儿得不亦乐乎，会创出新的玩法来。孩子的创新表现随处可见。摆积木，时而摆个别墅，时而摆个狗窝，也都是创新。家长看到这些创新，有意识地加以引导，创新能力的培养也就会信手拈来。

陈杳与陈杲3岁多时，我买了中国地图与世界地图拼图玩具。孩子很喜欢，整天摆来摆去。

一次，我们去超市，两个孩子看到地球仪，很感兴趣，我就买了地球仪给他们当玩具。两个孩子常常拿着地球仪，或转圈玩，或装模作样研究地理，有时还去掉支架将地球仪当球玩。

两个孩子5岁多时，迷上了地图册。如什么国家在什么地理位置，首都在哪里，有什么地貌特点，大致上能讲得出来。

一天，我发现陈杳与陈杲在画画，原来是画地图。画的是"清凉村"，村里有个湖——梦幻湖，湖中有美丽岛、甜蜜岛，湖边是快乐沙滩，还有海王星路、冥王星路、水星街、土星街，路上有公交车，路边有月亮宾馆、杲杳饭店……我大为赞赏。

两个孩子陆续画了一批地图，有主席村、火车村、奥运村、状元村等。最有趣的是画我出生地埭头村，村里有陈钱林故居、杲杳饭店分店。还有我妻子的出生地岑头村，村里有陈钱林路和以我妻子名字命名的茶花路，两条路合在一起的是情人路，村里有茶花超市，也有杲杳饭店分店。这些村合在一起构成瑞瑞城。他们还设计了瑞瑞城总地图册，每个村都通公交车，将每路车经过的每个站口与地图一一对应。

看起来，这些好像只是游戏，实际上，在不知不觉中，创新能力已经得到锻炼。

陈杳与陈杲喜欢玩儿过家家游戏。我参与了几次后，引导两个孩子演"连续剧"。例如，两个孩子记录的"历史剧"第33集《赵云变将》，讲关羽与赵云比武的故事。第二天，两个孩子接着做这个游戏，记录为第33集（下）《三兄弟分散》，讲了刘备、关羽、赵云与机器人大战的故事。这些事看起来很荒唐，可玩儿的过程，处处都是创新。

两个孩子幼儿时有次在纸上画画，正面画满了，转过来画背面，背面画满时，又转过来，突然发现背面的背面就是正面，很兴奋。本来这也没什么，可我大大鼓励："非常了不起，看看还有什么规律？"想不到几年后，两个孩子惊奇地说，纸的背面的背面是正面，与飞机在地球绕一圈回到原来的地方的道理是相同的，由此，他们估计宇宙的空间，转一圈也会是一个圆。有一天，他们又说，发现时间也是个圆。我问什么道理，两个孩子就在纸上演示。一天画一个点，一天一天下来，纸的一面画满了，画到背面，再画满了，转过来还是正面："这不就是圆吗？"

七、游戏是孩子的正当需要

孩子天生爱游戏。在游戏中，孩子不仅能发展思维能力、创新能力，养成遵守规则和创新规则的习惯，更能获得无比幸福的体验。

游戏是孩子的基本需要

很多人都认为，游戏是孩子的一种爱好。而我认为，游戏是儿童的基本需要，如同吃饭、睡觉一样不可缺少。

孩子独自一人，也会玩儿得不亦乐乎：把桌椅翻转过来，就变成火车；拿张纸放在浴缸里，就变成轮船。如果有个玩伴，孩子更表现出天才的想象力。家长不一定都要弄懂孩子到底玩儿什么，只要是安全的、文明的，都应该尊重。

陈杳与陈呆婴儿期时，我家住塘西村的四层落地房子，二楼的客厅、四楼的两个房间、地下室都属于游戏地盘。门前的小路，少有车来往，也是两个孩子骑儿童自行车的宝地。搬到瑞安市区后，除六楼客厅、餐厅等公用场地外，七楼都是属于两个孩子的游戏地盘。特别是屋顶有个近 40 平方米的阳台，那可是两个孩子的游戏乐园。

上学后，孩子仍然需要游戏，这比知识学习更让孩子着迷。孩子喜欢上学，原因之一在于能和同伴玩儿。家长往往看重知识学习，一旦孩子上学了还在游戏，总觉得是贪玩儿，常给予否定。实际上，知识学习固然重要，而游戏作为儿童生活的基本需要之一，依然不可缺少。家长不仅要在家里继续给予游戏的时间和空间，还有必要了解孩子在学校如何玩儿，通过引导使孩子在学校玩儿得更健康、更快乐。两个孩子因少做老师的作业，相对空余时间就多，读到高中了，几乎每天还做游戏。

帮孩子选择合适的玩具

我希望孩子以后多读书，所以陈杳与陈呆出生后，我最早给他们的玩具就是书。两个孩子从看书、摆书、扔书，到翻书、找书中的相同字、看故事、讲故事，与书结下了不解之缘。

筷子玩具是两个孩子玩儿得最多的玩具。两个孩子两岁时，我在朋友家里看到一个用旧了的数学算式玩具。例如，"1+1=？"，如果填"2"，玩具就会发出鸟叫声。我要了来给两个孩子玩儿。当时两个孩子还不会算式，也玩儿得很高兴。我想，让孩子早点儿玩儿算式，会有好处，就用火柴梗让两个孩子摆数字。两个孩子很喜欢这种玩具，不知疲倦地在地上玩儿。我怕火柴梗太细影响视力，就将筷子锯成几段代替火柴梗，便有了筷子玩具。

两个孩子3岁开始，我教他们用筷子摆算式。先是一位数的加减算式，接着是两位数的加减算式，后来是多位数的加减乘除算式，最后是由横式变成竖式。

在玩儿筷子的过程中，我发现陈杳习惯于配合陈呆摆，于是又有了新"发明"：锯成长短不一的筷子段，让陈杳摆"画"。陈杳摆"画"的兴趣比陈呆好。

自从有了筷子玩具，我家大大小小的房间总是摆着各式各样的算式和"画"。我们有时不小心碰了"作品"，两个孩子很快就恢复"原状"。尽管房间里特别"怪"，我也总是表扬。有时，实在弄得连人都走不进了，我再引导孩子整理一下"作品"。后来，我规定了一些不能摆的地方，孩子也都接受，将"作品"摆在他们自己的"地盘"。

客人来了，经常惊讶于"筷子作品"。许多时候，客人总是好奇地叫两个孩子表演，他们的"技艺"总是赢得喝彩声，这样他们的兴趣更浓了。

两个孩子的玩具基本上是实用型的，除筷子玩具外，还有棋类、球类、布娃娃、地球仪、卡通人物玩具等。有时候，根本就没有什么特别的玩具，无非是几张纸而已。如走迷宫，两个孩子画各式迷宫，让对方走。画迷宫是游戏，走迷宫也是游戏。两个孩子很喜欢玩儿演儿童剧本的游戏，基本上也不需要什么玩具。

我反对给两个孩子买贵重的玩具。一次，亲戚送来标价好几百元的电子汽车，玩儿了几次后，我就不让玩儿了。我觉得，孩子的世界应该是淳朴的，给孩子过于刺激的玩具，可能会促使孩子养成追求刺激的不良习惯，昂贵的玩具可能还会误导孩子产生虚荣心。

参与孩子的游戏

游戏是儿童生活的重要方式，家长参与孩子的游戏，不仅让孩子感到更加亲近，也可在游戏中不断发现教育资源。参与游戏，听从孩子的指挥是关键，如果希望主导游戏进程，或者呵斥孩子的"不当"指挥，那么孩子就会不喜欢与大人玩儿。

陈杳与陈杲做游戏时，常叫我参加。如果不是特别忙，我都会很乐意听从他们的指挥。我与两个孩子玩儿得最多的是下棋，包括陆军棋、象棋、围棋、跳棋等。每次下棋，我都先让两个孩子赢几局，等他们高兴时再让他们输几局，最后鼓励他们要争取进步。在下棋的过程中，两个孩子经历了输赢，体会了酸甜苦辣的感受，反倒增加了兴趣。后来，两个孩子不断发明新的下棋法，并以战胜我为乐，兴趣自然更浓了。两个孩子创新的下棋法不下十种，这时候的棋已经成为了他们创新游戏的玩具，下棋已经不再是一种单纯的游戏，而成了一种智力开发的手段。

小学时，两个孩子喜欢玩儿演儿童剧的游戏。有时缺个什么角色，也把我拉进来。在这些儿童剧游戏中，凡坏人小时都会打人，坏人名字有叫图图的，意指糊涂；有叫贾明的，意指假的明亮，性格很阴森的。凡好人，生下来都会讲话，会有发明，有段时间两个孩子喜欢华罗庚，主人公就叫罗罗，是大科学家，能造飞船。游戏中常有个叫金星的人，武功超强。我有时也参与进来，由孩子分配角色。只是因为表现"不灵活"，后来两个孩子也不喜欢拉我入伙。不过，即使"讨人嫌"，我有空时还是喜欢在旁边看看，不时插一句话乐乐。

不玩儿有损健康的游戏

孩子缺乏判断力，常会想出一些损害身心健康的游戏。这时候，家长就要及时给予引导、制止。陈杳与陈杲有次玩儿在床上爬到桌子上再爬到窗户上的游戏，这很容易受伤，我发现后马上给予制止。有次，两个孩子爬到床底下玩儿，这明显不卫生，我也制止了。

有损身体健康的游戏相对好发现，而有损心理健康的，更需家长多一双慧眼。我不允许两个孩子玩儿打打杀杀的游戏，家里从来没有玩具手枪、玩具宝剑之类的东西。拿玩具手枪对着人玩儿，这是对人的极其不尊重，我不允许两个孩子有这些在我看来是恶劣的行为。有一次，两个孩子买来变形金刚，很喜欢。我发现那些变形金刚，头可转到后面，手脚都可以变形，马上引导不能玩儿。我觉得，在孩子眼里，这些变形金刚就是人，把"人"的头、身体变形，这是一种残忍。两个孩子舍不得这些"变形"游戏，我就去找了一些可以变形的数字玩具代替，两个孩子也很喜欢，变形金刚自然就淘汰了。

电子游戏需要动手动脑，对发展智力有好处，问题是损害视力，还容易上瘾。孩子一旦玩儿电子游戏上瘾，是很难戒除的，所以，让孩子玩儿电子游戏，具有极大的风险。

两个孩子小时，我禁止玩电子游戏。禁止的方法很简单：家里从来不玩儿电子游戏，到亲戚家做客，我们都随时警惕、防范孩子接触电子游戏。读幼儿园后，两个孩子看到同学玩儿电子游戏，也想玩儿。

我从保护眼睛的角度与他们讨论该不该玩儿。我引导说，每个人都只有一双眼睛，作家要读书，科学家要做研究，如果小时候没有保护好眼睛，长大了不能多用眼，怎么当作家、科学家？因引导得法，两个孩子也很讲道理。

读中学后，随着上网机会增多，接触电子游戏的机会也多起来。此时两个孩子已经具备了较强的自制力，适当玩儿电子游戏我也不反对。印象中，两个孩子很少玩儿电子游戏。

八、做孩子探究的帮手

孩子总是对未知世界充满好奇，对新鲜事物，往往爱提是什么、为什么等问题。这是教育的契机，家长要尊重孩子的好奇心，鼓励孩子探究、学习。

尊重孩子的探究心理

陈杳与陈杲两三岁前的提问，我总是以他们能理解的方式给予解答。稍大些后，当孩子有疑问时，我一般都会叫他们想想看，想想大概会是什么原因。当孩子的猜想接近真相时，我就给予表扬；当孩子的猜想离题万里，或者令人发笑时，我一般也不会马上纠正，而是引导他们再想想，鼓励他们探究。

我的外甥彬刚转学住在我家后，一天，我外出后回到家，发现外甥彬在玩儿水，并把味精、盐、白糖等倒在地上搞得一塌糊涂。我很生气，但强忍了下来，说："你是在做实验吧？科学发明就是这样来的，你想研究什么？"他支支吾吾地说是在做实验。我当着他的面打电话跟我姐姐说："彬这个孩子喜欢做实验，真了不起。"之后，我的外甥彬不仅喜欢探究，也带动了学习态度的好转。

对彬的家教经历，使我非常注重两个孩子的探究活动。我瑞安市区的家在商业街，房子整栋楼的一层是商铺，我们的楼梯单元都设计在商铺的二层。我家在七单元，南面有个出口，依次过去是八单元、九单元，九单元北面也有个出口。两个孩子 5 岁时的一天，对我说"知道地球为什么是圆的了"，原因是，从七单元进去，九单元出来，在一层商铺转了个圈，又可到达七单元，"这不就是一个圆吗？"我笑了，但马上给予表扬。对 5 岁的孩子来说，能观察地形，并能与地球是圆的结合起来，是难能可贵的。好几次，我陪两个孩子在一楼转圈，"研究"这个"圆"的原理。

两个孩子在幼儿期时喜欢玩儿硬币。他们喜欢研究硬币上的制造年份，发现 1997 年制的最多，常说这些硬币比自己小三岁。孩子喜欢玩儿，我都支持，平时有硬币常会给他们玩儿。几年下来，他们积累了很多硬币。每过一段时间，他们会把硬币拿出来玩儿。读初中后，好像不喜欢玩儿硬币了，仿佛这个事也了结了。想不到的是，陈杲读高中学了统计学知识后，再次研究起硬币来，居然得出结论：分析一个国家一个时期的硬币，可分析、判断这个国家那段时期的经济规律。

为孩子创造动手的机会

动手能促进大脑发育，希望孩子"心灵"，可以从"手巧"开始。让孩子做力所能及的事，如幼儿时让他们自己穿衣服、叠衣服、盛饭、拖地等，都是探究。陈杳与陈杲常常跟着妈妈拖地。让两个孩子拖地，原意是希望培养劳动意识，后来我发现，与其说他们是在劳动，不如说是在游戏，实际上也是探究的过程。

两个孩子动手最多的是摆筷子，其次是摆积木。摆积木是富于创造性的游戏，本身就是一项探究活动。此外，拼图玩具也在较大程度上满足了两个孩子探究的欲望。陈杲十分喜欢拼图玩具，有一个由几百块图片组成的拼图，要花两三天时间才能完成，他都乐此不疲。陈杳则更喜欢做纸飞机、纸椅子之类的手工。陈杳读小学时，曾花好几个星期，做了一张玩具类的小木桌子。

家里总会有要淘汰的东西，或破闹钟，或旧洗衣机，或旧桌椅。这些东西说扔就扔了，太可惜。为什么不用于孩子的教育？反正坏了，正好给孩子用于探究。两个孩子很喜欢拆装东西，刚开始只会拆不去装。好在我父亲在我家，两个孩子拆了的东西，我父亲都可以装起来。慢慢地，两个孩子对一些物件拆了后也会装起来。每年夏天，我父亲都会把家里的电风扇拆开清洗。两个孩子对此很感兴趣，与爷爷一起拆了装，装了拆。一次，两个孩子发现饮水机里有蟑螂，结果他们与爷爷一起拆饮水机，这可是令两个孩子兴奋不已的探究活动。

与兴趣结合起来探究

对未知世界的探究，要基于孩子的兴趣。陈杳与陈杲从小探究最多的是天文类、动物类课题。两个孩子很喜欢天文知识，看了许多相关书籍。为了表示支持，我专门给他们买了望远镜。我在瑞安市区买房时特地选择了有露天阳台的房子，以便于观察天象。每当看到关于日食、月食、流星的新闻报道，两个孩子总是兴奋不已。有一年有天文奇观，因瑞安天气不好无法观测，我们便专程赶到上海，可惜上海天公也不作美，让两个孩子略感遗憾。

两个孩子也特别喜欢研究小动物。一段时间，他们迷上了养金鱼，坚持每天观察，做记录。一次，他们买了两条金鱼，其中有一条眼是瞎的。两个孩子就研究眼瞎的金鱼是如何吃食的。几天后，有了新的研究课题：眼瞎的金鱼吃食时运动量大，说明锻炼身体多，会不会比眼不瞎的金鱼寿命长？后来，眼瞎的金鱼果然多活了近一个月，两个孩子兴奋极了，似乎有了重大科学发现。

有位家长曾问我，孩子探究的课题要不要考虑全面性，如孩子研究动物，家长要不要引导孩子研究植物？孩子探究的结果出现差错怎么办？我觉得，没有必要考虑全面性，孩子喜欢什么就让他们研究什么，也不要在乎是否找到了标准答案，以孩子的理解水平来探究就可。探究并不是以学知识为目的，更重要的是从中激发兴趣、发展能力。

以科普知识引领探究

陈杳与陈昃从小爱看《十万个为什么》，以后陆续看了《地球探索》《动物探索》《科学探索》《历史探索》《200 个鲜为人知的探秘未知世界故事》等书，这些书伴随他们度过了一段探索时光。读中学后，陈杳迷上了霍金的《时间简史》《果壳中的宇宙》等。两个孩子阅读科普书籍时，并不满足于书中的分析，常常对感兴趣的课题进行探究。记得两个孩子曾对飞碟事件追踪、海水的身世之谜等课题进行探究性学习，查找了大量资料。

两个孩子 3 岁后，我引导他们观看科普类电视节目。我提前从《电视周报》里选择适合孩子看的动画节目、科普节目。2001 年的中央电视台少儿频道《东方儿童》栏目播出的动画片《蓝猫淘气 3000 问》，两个孩子特别着迷，看了足足一年。之后，两个孩子常看中央电视台科教频道的《走进科学》节目。这个节目也极大地激发了两个孩子的探究兴趣。两个孩子读中学后开始接触网站，我引导他们浏览科普网站。如中国科普网设有《神秘宇宙》《美丽极光》《世界之最》等栏目，图文并茂，还配有动画解说，很吸引人。

报纸上也常会有科普知识的报道，特别是《环球时报》，几乎每期都有一些科普文章，这些都不时引发两个孩子的探究欲望。每当社会上有什么大事发生时，报纸上就会有相关科普知识报道。这些具有情境因素的资料，相比平时的书籍更具有吸引力。例如，地震、宇宙飞船发射、国家组织的一些庆典活动，常常成为两个孩子探究的好时机。

做孩子探究的帮手

探究是个综合的学习过程，孩子往往异想天开又期望过高，结果常常会力不从心而半途而废。如果家长能做孩子探究的帮手，就更能激发孩子研究的热情。

孩子探究，需要物质条件。我为陈杳与陈杲配备的东西很齐全，凡他们需要什么东西，能做到的马上给予满足。为了便于查阅资料，我家在 1998 年就配备了能上网的电脑。当时电脑还未普及，我收入也不高，但还是花一万元买了电脑。我家的阳台很大，我就在阳台上添置了一批花草，这使两个孩子研究植物有了条件。孩子都喜欢水，既是玩儿，有时也是研究。我就在阳台上专门装了一个水龙头，两个孩子随时可用水。

两个孩子做研究碰到一些困难时，常常会叫我帮忙。我也乐得给他们"打打下手"，捉一些蟑螂、苍蝇之类。我用手捉苍蝇的"水平"，常惹得两个孩子羡慕。

两个孩子的研究内容广泛，仅 2003 年至 2007 年期间的动物研究，有记录的就有蚂蚁研究 21 次、苍蝇研究 2 次、蝗虫研究 5 次、金鱼研究 7 次。我印象比较深的是 2003 年 11 月 3 日开始的名为"一一三"的蚂蚁研究、2007 年 2 月名为"金金二世"的金鱼研究等。这些研究，我都参与了。

两个孩子研究后会加以分析和总结，每当有"成果"时，我都会给予特别奖励。有时候，我也引导孩子将"研究成果"写成文章。陈杳读小学六年级时研究洗洁精的毒性，她选择了不同品牌的洗洁精进行比较，并把蚂蚁、蟑螂、树叶放在洗洁精溶液里观察，最后得出"洗洁精对小动物有害，对人的身体健康也有影响""选用颜色浅的洗洁精为好"

等结论。后来我引导她把研究结果写成文章《洗洁精对人体健康危害性的研究》，还获得了民间组织的全国级奖项。

九、志向成就梦想

每个孩子都会有志向，这是生长的动力。家长要激发孩子的远大志向，并以志向激励他们勤奋学习。教育要让孩子做梦，帮助孩子追梦，而不要过分在乎是否圆梦。

尊重孩子的志向

孩子的志向并不稳定，会不断变化。有时候，孩子会有多个志向。

我很尊重陈杳与陈杲的志向，他们说以后当什么，我都说不错，都表扬。反正孩子的志向会变的，我也不细究什么志向好什么志向不好。有段时间，陈杳的志向是当"侠客"。一次，她把手机通讯录的人名改成了包大人、王朝、马汉……她问我："缺了个谁？"我说："好像是展昭。"她悄悄说自己就是展昭。

孩子的志向与兴趣有关。陈杲小时喜欢计算，志向是当数学家。幼儿时的一段时间，两个孩子常常玩儿过家家游戏、演历史剧，陈杲的志向变成做导演，希望导演一大批电视剧在电视里播放。中学时曾迷上物理，我就引导他以物理学家为志向。读少年班时，陈杲与我商量选择专业，说中国科学技术大学物理专业整体实力较强，化学专业出国深造机会较多。我引导他，先考虑兴趣。他说，对数学兴趣最大，后来就选择了数学专业，希望当数学家。尊重孩子的志向，孩子会变得更加自信。

一些家长很"现实"，当孩子有什么梦想时，直接泼冷水："这些是别人家的事，你天生就要干活，不要多想。"一些家长追求功利，安排孩子学一些利于升学的技能，当孩子进步缓慢时，不断给予批评与指责，让孩子自卑感与日俱增。有什么比毁灭孩子的梦想更可怕的呢？打击梦想，就是毁灭幸福。

与名人对话

陈杳与陈杲婴幼儿时就与北京师范大学俞国良教授合过影。在幼儿眼里，教授是很神奇的，两个孩子看到神奇的人都与自己有关，就产生了激励力量。2003 年，我认识了中央教育科学研究所的李树珍教授，两个孩子也就很自然地接触到了李奶奶。2002 年，我带陈杲去北京，俞国良教授亲自开车接我们；2004 年，我带陈杳去北京，李奶奶叫她儿子开车送我们一起去故宫。这些活动，明显激发了两个孩子的志向。

2008 年 6 月，中国工程院航天专家钟山院士到瑞安来。抱着试试看的心理，我与钟山院士联系，希望他晚上能安排一点时间见见陈杳与陈杲。想不到，钟山院士答应了。

晚上，在酒店，两个孩子见到了院士。当了解到陈杳与陈杲都尝试自学时，钟山院士说："自学能力越早培养越好。"他说，自学就是读书，读书要先把书读厚，遇到问题及时记录、及时解决；再把书读薄，从薄到精，把一本书的主要内容概括成一张纸，甚至几个字。别人背一本书，你记一张纸，你就具有优势，就能灵活。他鼓励两个孩子说："现在我国诺贝尔奖还没有人获奖呢，等着会自学的人去争取。你们小小年纪坚持自学，这诺贝尔奖就靠你们这些人了。"

陈杳看到院士，眼睛都闪着光芒，一连问了"有没有可能造一种有吸引力的飞船，使宇航员在太空中也会感受到重力""能不能用一种比较轻的磁性材料，使宇航员不会失重""宇宙飞船上都有太阳能电池，能不能推广到人类的日常生活中""每年都有地震，或大或小，能不能把地震的能量用来发电为人类造福呢"等问题，钟院士一一给予回答。

道别了院士，一路上谈论感受。陈杲说："一定要学好科学，如果有机会，选学地球物理。"陈杳说："也要当科学家。"

看名人传记也是与名人对话的一种形式，我常引导孩子看名人传记。两个孩子小时看过并受影响的名人传记是《改变世界的伟大科学家》。这本书对孩子有极大的吸引力，书中关于爱因斯坦、牛顿、马可尼、弗莱明等科学家的事迹，很能励志。例如，弗莱明从小家境贫寒，7 岁时父母去世，长大后当了医生，下决心研究抗细菌的药物，经过 20 年的研究，没有收获，一次偶然的机会，在器皿上发现了青霉素，开辟了抗生素时代，1944 年获诺贝尔奖。

与孩子共同做梦

两个孩子取名陈杳与陈杲，我是反复推敲过的。男孩子要阳光，取名"杲"，指"刚刚升起的太阳"。女孩子要文静，取名"杳"，指"深远"，也含禅意的"智慧"之意。陈杳曾对我说："也想太阳升起。"我就说："你这是太阳即将升起。"陈杳读高中时说，中国的夜里就是美国的白天，所以"杳也就是美国的太阳"。两个孩子很喜欢自己的名字，也一定程度上激发了远大志向。

陈杳与陈杲出生半个月，特大台风在瑞安登陆，邻居都在风雨中逃难，我们因孩子小只能在家听天由命。在他们稍懂事起，我就说："凡历史名人，出生时会有些不同的灾难，如岳飞出生时碰到洪水。"两个孩子幼小时很相信自己以后会是大人物："不然怎么会出现台风呢？"

两个孩子幼儿时，我以儿童的幽默，学着两个孩子的口音，把中国科学技术大学说成是蝌蚪大学，清华大学说成青蛙大学，打哈欠说成哈佛大学，把诺贝尔奖说成牙杯盖奖（温州话谐音）。两个孩子很喜欢，常做青蛙大学、蝌蚪大学的游戏。无形中，这也引导了两个孩子的志向。

两个孩子常做诺贝尔奖的梦。一次吃鱼时，他们讨论为什么把鱼骨头丢掉，也许骨头更有营养。我鼓励说："如果这个真的有用，全世界都会震惊，人们也不会随意扔掉鱼骨头，说不定还可以办厂生产鱼骨头食品。"两个孩子查阅一些资料，最后觉得没成果。

2007年"五一"期间，陈杏与陈杲说，发现了宇宙的秘密。

陈杲说："宇宙由无限空间和无限时间组成，我们原来总想不通宇宙是什么样子的，今天突然明白了是怎么回事。"我大为惊奇。

陈杏说："我想，宇宙有可能是个圆。书上总是说，宇宙是无边的，这怎么会无边呢？有可能宇宙是个大圆，圆当然无边。"

我说："如果宇宙是个圆，圆外边的会是什么？"

陈杏说："这圆怎么会有外边呢？宇宙是比三维还大的，人是无法感觉到的。以前人们都认为地球是无边的，后来人们不是证明地球是圆的吗？当时，人是无论如何想不通的，现在不是真的吗？"

陈杲说："爸爸是凡人，当然想不通了。宇宙是由空间三维加上时间一维构成的，人是无法凭经验感觉的。在地球上，飞机一直往前飞，会飞到出发点；以前曾有人在大洋里开船，一直往前开，后来又回到原来的地方。所以我觉得姐姐的猜想有可能是真的。"

我表扬两个孩子能大胆猜想。

陈杏说："我还认为，时间也是个圆。往前算，很久很久以前，好像没有尽头；往后算，很久很久以后，好像也没有尽头。我总觉得这不一定对。也许时间本来就是一个圆，正像地球一样，一直往前，就又回到原来的地方。"

我说："这倒好，金字塔是怎样建成的，这些问题都可能解决了，原来是我们的后人建成的，他们比我们聪明。"

陈杲说："后人建的怎么现在已经有了呢？"

我说："你们不是说时间是个圆吗？后面的时间，转个圈不就是前面的时间吗？"

陈杲说："这倒是个问题，所以只是猜想而已。"

我说："你们长大后去证明，陈杲证明了宇宙的空间是个圆，陈杳证明了宇宙的时间是个圆，双双获得诺贝尔奖，让爸爸也风光风光。"

两个孩子说，实际上这是不可能证明的。

我说："不一定。人们对科学的认识，都是从不可能到可能的。如果证明不了，你们提出了猜想，让后人去证明。到时候，也许全世界科学家都在研究陈杲空间猜想和陈杳时间猜想，正像现在数学家研究哥德巴赫猜想一样。"两个孩子乐了。

我说："最好让你们的孩子证明了这个猜想。啊，陈家子孙太伟大了！"

两个孩子乐得大声欢呼。

孩子的梦想，尽管不会成真，但马上会有新的梦想。一个个梦想，让陈杳与陈杲的远大志向得到激发。

陈杳在哈佛大学实习时，在 QQ 日志中还写到曾经的梦想："波士顿的清晨带有泥土的气息……我从哪里来？要到哪里去？我为什么会在这里？……在这个城市的这个学府里走着，这似乎是我很久以前那遥不可及的梦想呀！……我走着，走着，忽然明白了，我从上一站的梦想来，要到下一站的梦想去。我来这里，是走在追梦的路上，来追寻更深刻的人生意义。"

以志向激励孩子勤奋学习

我有位学生原来学习并不努力，因实施班干部轮换制，他读初三时被选为一段时间的执行班长，对我这个班主任亲近了许多。一天，他对我说："现在成绩平平，没有希望了。"我鼓励他说，历史上大器晚成的人才比比皆是，人生路很多，即使中考成绩不佳，只要从此努力了，即使去当兵也可考军校。说者无心，听者却有意。后来，他果然去当兵，而且很勤奋，真的两次读军校，在部队当上了副团长。他一直跟我有联络，总是感恩于我指引了他的志向。

陈杳与陈杲从小勤奋好学，与有远大志向是分不开的。陈杳报考南方科技大学时，我陪她坐火车去北京笔试回来，陈杳按着毛泽东《沁园春·雪》的格式写了词的上阕："独瞰深冬，北龙南驰，昆山内外。看苍穹酣眠，大地辗转。月洒银辉，灯戏旷野，万类雪天竞逍遥。怅生灵，问茫茫宇宙，孰梦孰醒？"她说，现在研究科学的人太少了，好像人都睡着了……言外之意，自己有可能会成为大科学家。我接着她的词，写了下阕以鼓励："幸哉陈家儿女，为真理一路壮志酬。弟深谙数学，才惊科大。姐好物理，乾坤在手。刚赴南京，又进北京，泛舟科海心自由。我陈家，数创新人才，还看杳杲。"

我国教育的突出问题，是中小学抓得太紧，大学却相当自由轻松。两个孩子读中小学时，我的教育总体宽松，两个孩子都能勤奋好学。特别是读大学期间，陈杲执着于数学钻研，陈杳执着于科学研究，极具好学精神。支持着他们如此好学的，是远大的志向。

进行生涯规划

科学家、艺术家、政治家是才，医生、教师、工人、技术人员是才，所有自食其力者都是才。俗话说，三百六十行，行行出状元。才，有普通的才与大才之分。凡孩子都有做大人物的梦想，家长也都希望孩子以后成大才，这些梦想与愿望，可以激发生长的动力，但成"大才"毕竟可遇不可求。

孩子长大后，到底从事何种职业？从中学开始，可以考虑做个生涯规划。我小时，很少有人读大学，一般人家读初中后，就开始考虑职业。有做木工的，有做油漆工的，有从事农业的。那时候，人们对职业没有如今这样纠结。随着大学扩招，才几年时间，大学毕业生都很难找到合适的职业，可真的是高不成低不就，处于两难的境地。

我觉得，孩子应该读大学，但不能眼里只盯着读大学端铁饭碗。职业没有高低贵贱之分，关键看是否合适。对孩子的综合素养进行评估，有意识地引导着做些生涯规划，利于明确发展方向，利于以后就业。

陈杳大三选择专业时，要选生物信息学。我查了这个专业的相关资料，与基因有关。我与陈杳商量以后的职业，如果学得好，考上博士，当科学家的可能性还是有的；如果学不好，可以考虑创办关于基因与身体健康的咨询公司。

我的外甥女洁，从小的兴趣就是画画。读初中后依然对画画特别着迷，希望长大后当美术教师。我就找了位美术名师辅导她。

我的侄儿浩读初中时希望当企业家，我就特别从情商入手培养。从英国留学回国后，他仍坚持自己小时的志向——创业，到工厂从基层做起。我的侄女智，瑞安中学毕业时完全可以考师范院校，但她不喜欢当教师，希望做商业，就选择了温州大学。

因为是选择自己喜欢的职业，我都欣赏，并给予生活规划上的引导。

十、以规则促自律

生活中处处有规则，没有规矩不成方圆。规则使自然人变成社会人，为走向精神人境界奠定基础。爱自由的孩子常常会违规。教育的艺术，在于寻求规则与自由的平衡点。

敬畏道德与法律

违反道德规则，使人孤立于群体，也将受到良心的自我谴责；违反法律法规，会受到法律的制裁。幼小的孩子，心灵如同一张白纸，家长要及早培养孩子对道德、法律的敬畏感。当孩子违反道德、法律法规时，家长要零容忍，要告知严重后果。

触犯法律的事，不能等同于一般的错误。如果接近突破法律的底线了，家长也只是批评一下就了事，许多孩子也就认为，干了坏事无非只是受批评而已。报纸与电视中，常有适合道德与法律教育的故事，每当发现有合适的故事时，我就会同陈杳与陈杲讨论。

一次，我和两个孩子对一则宣判犯罪分子的报道进行讨论，单纯的孩子对判死刑感到害怕，我就和他们谈，什么是法律的尊严。2005 年年底，我看到报纸上报道温州山区有一位小男孩，父亲患病，年仅 10 岁的小男孩坚信山上的草药可以救父亲，不管天气多么恶劣，他都没有停下寻药救父的步伐。当天，我就与两个孩子讨论这个道德故事，两个孩子从中感悟了孝心。

与孩子一起制订家规

国有国法，家有家规。以家规教育孩子，是行之有效的传统家庭教育方式。

陈杳与陈杲小时，我制订了一些家规，如按时睡觉、不能挑食、不能打架等。

大部分家规是动态的，是在两个孩子犯错之后总结出来的。两个孩子两岁多的一天，吵架了，原因是分葡萄干时一人多一人少。我来解决，先从陈杳的葡萄干中拿些吃了，这下陈杲的就多了，陈杳不肯；我又从陈杲的葡萄干中拿些吃了，这下陈杳的多了，陈杲不肯；最后两人的葡萄干都被我吃光了。这时他们才突然发现问题所在，于是都哭了。我借机教育他们，不相让的双方最终都会有损失，后来就有了"吃零食时要相让"的家规。

有一次，两个孩子吵架，陈杳关起门来大哭。事后，家规中又多了一条"哭的时候，门不能反锁"。

两个孩子曾在楼梯上玩儿时摔倒，后来就有了"不能在楼梯上玩儿"的家规。两个孩子很自律，好几次在楼下吵架，都哭了，上楼时在楼梯上还互相提醒讲安全，上了楼后继续吵架。

我对孩子上网持开放态度。网络问题很多，但不可否认，网络也是神奇的宝藏。就算网络弊多利少，我们也不能将之列为禁区，毕竟开放的社会，对新事物是禁不住的。但是，上网毕竟存在风险，需要恰当引导。

我与两个孩子制订了家规：一是规定上网内容，可以查资料、收发电邮、完成老师布置的作业，可以看科学类网站、作文类网站、新闻类网站，但不能看无关内容；二是上网时间，一般一次不能超过半小时；三是单独一人不能上网。

两个孩子常对我说，某某同学上网聊天什么的，我总是引导：人的时间和身体健康是最宝贵的，上网聊天既浪费时间，又影响身体健康，是很不合算的行为；就像吃饭，上网聊天也许味道很好，但人不能只讲味道，正如一些加了添加剂味道很好的食品，吃多了会慢性中毒。我说，有人将网络说成是"网络鸦片"，可见网络使用不好危害不浅。以前很多人吸鸦片，味道好，但后来上了瘾都短命。两个孩子都赞同我的意见，这条家规就落实得很好。

关于网络上的"黄"毒，我对陈杳与陈杲说清什么是"黄色"，有什么危害。我打比方：如果父母说六楼跳下去会死人的，谁会说"我一定要试试"？两个孩子特别自律，有时上网时不知不觉在网页上出现些花花绿绿的东西，他们都会说"毒品"来了，迅速处理。

用奖惩制度来保障规则

孩子的生长是与规则斗智斗勇的过程，对一些非常重要的规则，家长不能随便妥协。如果孩子有些试探，家长任其发展，孩子就会摸透家长的心思，有一次妥协，就会有第二次，最后就会破坏规则。比如，孩子常会以哭闹来试探家长，家长绝不能因为孩子哭了、闹了就满足他们的欲望，不然，孩子都会以哭闹来应对。

所以，当孩子第一次哭闹时，家长不能心太软，要断然给予批评并让孩子感受到哭闹是没有用的，这样孩子以后自然就不会以哭闹来要挟父母了。

规则教育，应以表扬与奖励为主。陈杳与陈杲小时，在家里守规则的，都会受到我的表扬。出门做客之前，我会与两个孩子讨论应有的规矩，回家后会进行总结，表扬两个孩子的良好表现。长此以往，两个孩子的规则意识就特别强。

违反规则者，必须接受批评，甚至惩罚。如果孩子犯了严重的错误，家长也只是轻描淡写地说说，孩子就会越来越野蛮。

规则与个性

自由与规则是一对矛盾，爱自由的孩子常常与规则相冲突。如果规则本身制约了孩子的自由生长，或者孩子长期违反这条规则，就有必要分析下规则的合理性。

陈杳与陈杲小时，我不提倡吃西餐。可陈杳喜欢吃西餐，好几次都故意少吃早餐。我想到，不允许吃西餐的规则，本身并不合理，于是与她商量约定，每周安排一次吃品牌面包。陈杳很满意，早餐问题就得以解决。

对规则与个性的把握，总体上而言，一是在行为上要强调规范，而在思维方式上，更应倾向鼓励个性。我国当前整体社会教育环境还有许多方面需要改善，行为习惯上，如果缺乏有效的规则教育，孩子会很野，最终会影响习惯、影响性格，很容易成为问题儿童。而对思维方式，不能因此禁锢了孩子的思维个性，要鼓励孩子异想天开。二是在核心价值观上要强调规则，如道德、法律，是不能戏弄、突破的，而在非核心价值观上，应该允许孩子有些个性。

我特别引导两个孩子，碰到一些不合理的规则，可以寻求突破，但要慎重考虑对策。陈杳读初中时，学校有个千分制评价，早到校、勤学习、做好事，都可获得加分，反之，就减分。陈杳平时很在乎面子，所以对千分制评价看得很重要，老早就起床去学校。起先，我也不在意。可后来作业越来越多，我叫她少写点，她不肯，说会扣分的。

我感觉，学习需要一定自由，为了这个千分制，连作业都不能机动，这就过分了，就引导她不要太在乎这个千分制。直到后来走自学之路后，陈杳才看淡了千分制。

十一、价值观启迪孩子人生智慧

价值观是一个人对社会，对人、事、物的总体看法，既包括人生观，也包括世界观。家长的引导很重要，什么是对的，什么是错的；什么是美，什么是丑；什么是可以突破的，什么是不可容忍的，都要清清楚楚地传递给孩子。

从小接触经典著作

博大精深的中华文化，构成了中国人价值观的根基。对天、地、君、亲、师的敬仰，对温、良、恭、俭、让的追求，修身、齐家、治国、平天下的儒家理想，这些传统文化都应该成为孩子价值观生长的精神食粮。

陈杳与陈杲幼儿时，我就让他们接触古诗词。他们喜欢读瑞安市安阳实验小学校本教材《小学生经典文学读本》。这套书低年级的都配有注音，易于诵读。从小常读经典文学，对两个孩子的价值观产生润物细无声的影响。

两个孩子喜欢读历史书。我曾与陈杳有一段对话。我说："一个人不知道自己从哪里来，他怎么会懂得自己将到哪里去。政治家如果不懂历史，国家将四面楚歌；科学家如果不懂历史，有可能会使科研成果成为人类的劫难。"陈杳说："历史老师说，人最可怕的就是失忆，忘记历史就像一个国家失去了记忆。"两个孩子 14 岁时，我在上海书店看到美国人斯塔夫里阿诺斯著的《全球通史》，有英文版与中文版，两个版本都买了一套，两个孩子特别喜欢看。

传承长辈美德

每个家庭都有一本创业史，其中有成功的经验，也有艰辛生活的回忆。把长辈的故事讲给孩子听，会让孩子更好地传承家庭的核心价值观。

我常对陈杳与陈杲讲家庭长辈的故事。例如我父亲，七个月大时死了娘；曾因家境困难到贵州打工，被人算计后没有路费差点儿回不了家。再如我母亲，曾经挑着稻谷走一天，就为换数量稍多的廉价番薯丝养家糊口。这些故事，向两个孩子传递了做人要勤劳、身处困境要自强等价值观。

我曾因家境困难，在 1989 年年底，只身赴北京做生意。腊月二十九回到上海，买了到温州的轮船票，身上只剩零花钱。后来在公平码头误了船，在一位好心老人的指点下坐火车到金华时，已身无分文的我又在好心司机的帮助下坐汽车才回到家。我常对两个孩子说："爸爸曾是上海公平码头的天涯沦落人。"2007 年腊月二十九，我特意带两个孩子到上海公平码头，引导他们："人应该成为强者，能不断克服困难的人就是强者。"

我还让两个孩子接触家乡名人的故事。瑞安是宋代永嘉学派的发源地，永嘉学派代表人物陈傅良、叶适都是瑞安人。温州被著名数学家陈省身称为"数学家之乡"。晚清时，瑞安人孙诒让办了瑞安中学的前身"学计馆"，教授数学，之后，温州出了陈省身的老师姜立夫，著名数学家苏步青、谷超豪等名流，现在活跃在世界数学界的温州籍数学家有200 多人。这些历史故事都是两个孩子的教育资源。

我特别引导孩子了解温州精神。改革开放前，温州地处偏僻，人民生活普遍艰辛，在艰难的岁月里，温州人互相关爱过日子。改革开放之后，许多走投无路的温州人背井离乡外出谋生。在历史长河中，温州人形成了"特别能吃苦，特别能合作，特别能创业"的温州精神。

我常有意地与两个孩子讨论永嘉学派的义利观，讨论温州精神，希望他们能传承家乡先贤以智慧和行动铸就的独特价值观。

学会尊重

尊重，是人的基本需要，获得尊重会产生愉悦感。懂得尊重他人，拥有包容心，将更有可能赢得他人的尊重。尊重，是做世界公民的基本价值观。

我常引导陈杳与陈昊，认识到人生而平等。人的职业不同，而人格都是平等的，不应有高低贵贱之分。我曾出版作文专著《新理念作文》，里面收录了学生的乡土作文，其中相当多的文章描写普通打工者、农民等的美德故事。两个孩子看我的作文专著时，无形中也受到这些价值观的影响。

多年当校长的经历，使我明显感觉，当前许多孩子在尊重的价值观上存在偏差。如上课时，每当同学讲得不好，常常被喝倒彩，这种现象的背后就是缺乏对弱者的尊重。

我引导两个孩子，与人交往应求同存异，希望别人与自己个性完全一致是不可能的。每个人因天性、生长环境、教育经历不同，都会有自己的个性，因此与人交往应该学会包容。两个孩子有时对某人或某事有意见，我会引导他们从另一个角度多想想，学会换位思考。

2004年，我带陈杳去长城游玩，导游小姐硬带旅客进商店，一些旅客很生气，发生了争执。陈杳轻声对我说："大家没必要这么生气，导游也有难处，就算导游错了，在路上就大吵，犯得着吗？"

十二、品味生长的幸福

幸福感与美感、道德感、理智感、成功感相关，也与孩子的需要、归因风格、追求相关。喜欢音乐、美术，那是美感给人幸福；孝顺长辈、帮助弱者，那是道德感给人幸福；取得进步、习得才艺，那是成功感给人幸福。

幸福感决定人的生活品质，家庭教育应该培养孩子的幸福感。

尊重孩子的幸福感

孩子的幸福感与成人是不同的。孩子特别喜欢玩儿水、玩儿沙，有时玩儿得满头大汗还乐此不疲；孩子特别喜欢小动物，小猫、小狗一点表情都能引起情绪体验。如果以成人的标准去分析，往往把孩子的幸福体验看成是低境界的，这容易产生教育的偏差。

在瑞安，我家书房里的一角，有个 50 厘米宽 90 厘米长的台阶，我们大人看过去总觉得房间不美观，可陈杏与陈杲曾有一段时间，说最喜欢的就是这个台阶，他们常常躺在上面玩。两个孩子读幼儿园时，喜欢在教室里巡视，发现纸、橡皮、铅笔头之类，问是谁丢了，他们常很高兴，说自己做了好事；有段时间，教室里找不到东西，他们感到很失落。这些事情，大人很难想得到。家长只有从儿童的角度观察，才可更好地发现、引导孩子的幸福感。

享受诗意童年的幸福

我的外甥彬刚转学住到我家的一天，我拉着彬吟了一首诗："杨梅依酒尽，红霞伴脸生。楼上咚咚响，脚下呼呼声。"彬说："题目呢？"我说："冬趣。"

陈杏与陈杲最先接触的诗词中就有这首诗，与李白、杜甫的诗享有同等地位。因他们背的诗中有爸爸的诗，从小对诗特别有兴趣。

两个孩子读小学后，我常即时即景作些诗助兴。孩子 7 岁时，我们到豫园玩。我吟了一首诗："一壶绿茶香，两片豆腐干。豫园人气旺，生活奔小康。"

孩子 8 岁时，一家人坐火车，吃着叫"满口香"的糕点。到了昆山站，陈杲要上厕所，正遇到站厕所关门。我吟了一首诗："昆山不见人，但闻满口香。陈杲尿尿急，厕所正换班。"

两个孩子小时很喜欢这些"自家的诗"，体会到生活的"诗情画意"。有时吵架了，我常说："爸爸考考你们。"然后背了一首自家的诗，问："作者是谁？"孩子还在生气，会说"李白"。一会儿，我又问一次，孩子说"诗人老爸"，乐了，事情就解决了。

陈杲14岁考上大学后，陈杳读高中。这时候，我们常常坐火车，在火车上常一起作诗。

一次，我与陈杲坐车经过青田，我们一起推敲了一首诗："青山云戏云，碧江浪追浪。长龙逛高架，秀才回家乡。"一次，我与陈杳坐火车，车外正下着大雪，我们推敲了一首："银妆江南树，雪雕旷野景。谁家顽皮儿，弄雪上屋檐？"

2008年，我带陈杲到中国科学技术大学参加复试。回来时，正遇"海鸥"台风影响温州。陈杲即席写诗发给陈杳："雨作矿泉水，风乃蒲扇吹。海鸥何所惧？到底谁怕谁！"一会儿，陈杳回信息："微风送君归，细雨迎车随。得知状元来，海鸥展翅飞。小扇驱尘退，斜丝接天醉。天涯心同喜，徘徊盼君回。"

诗言志，也激情，一家人一唱一和，带给孩子的幸福感是极其美妙的。诗意童年，让两个孩子多了些童年的幸福感。

来点儿幽默

我平时喜欢讲些小幽默，我们一家人在一起，随时都有笑声，让陈杳与陈杲也多了些童年的幸福感。

例如，我们吃饭时，有鸡与鱼，我会夹着鸡，说"真奇怪，今天的鱼怎么都是鸡的味道"；有时会夹着鸡肉蘸酱油，说"这个鸡烧熟了怎么还会在酱油里游泳"。有时发现孩子衣服脏了，我会说"天才都是弱智的，这衣服脏了只管穿，很正常的"。

有一次，我们出差时，电脑坏了，一家人天马行空地找"原因"，最有趣的"原因"是"与虾干放在一起"——温州话把虾干变质说成

"疯了"。后来，我好几次出差时，故意要在行李里放虾干，两个孩子也故意拉着我的手不让放，我们讨论放了虾干的"严重后果"有：在机场里衣服飞出去影响到飞机起飞，皮箱里突然长出肥肉来，行李中的优盘中毒了……

我们一家人也常常通过手机信息进行幽默对话。一个愚人节，陈杲发信息给陈杳："今天手机有病毒，要爆炸了，快扔掉。"陈杳回复："手机上午已经扔掉了。"一天，陈杲发信息给陈杳："正在将温度这个物理量转化为水银的高度。"原来是陈杲感冒了在量体温。

一天上午，我和陈杳、陈杲坐出租车去学校。

上车不久，正遇虹桥路堵车。原来是路面修理，一些工人将水泥路面凿开，挖泥。两个孩子有点儿急。陈杳埋怨运气不好，陈杲叫出租车往回开。后边的路已堵住，出租车司机也在骂人。

我想，不妨借机教育孩子如何面对困难。我说："真奇怪，难道这水泥路下面有泥鳅吗？"两个孩子正急，听不懂我的话。我又说："你们说，这么长久在水泥路下，泥鳅还会活吗？"

陈杳说："爸爸错了，这是在修路，怎么会捉泥鳅呢？"我说："说不定有泥鳅。"他们听出我话中有话，一会儿，会意地笑了，越想越笑。

过后几天，虹桥路还在修路，偶尔也会堵车。两个孩子都说些"为什么还在挖泥鳅""也许要种菜"之类的话自娱自乐。

两个孩子小时听到中国人还没有获诺贝尔奖，就说以后要设个超过诺奖的"杲杳奖"。他们草拟的"杲杳奖"条件也很幽默："1. 获诺贝尔奖者；2. 喜欢吃蜘蛛腿；3. 积满了 1000 张绿星卡……"我问为什么要吃蜘蛛腿，他们说，蜘蛛太可怕了，人人都想获"杲杳奖"，就会发动起来吃蜘蛛，这样蜘蛛就少了。后来，我们外出看到蜘蛛，都会有特别的话题，这是我们家独特的幽默带来的独特的幸福感。

和孩子一起追求

追求，并不一定都是"大事"。

陈杳与陈杲 9 岁多开始玩儿魔方，希望多玩儿几面，这也是追求。几年过去了，他们就是玩儿不成六面，时不时地还玩儿一次，尽管都带着一些遗憾。陈杲 12 岁时得到了魔方说明书，那段时间，两个孩子又有了新的追求。很快，可以玩儿成六面了，而且速度越来越快，那种幸福感很感染人。过了一段时间后，六面都玩儿得很熟练了，他们就慢慢不玩儿了。这说明，孩子都喜欢有挑战性的探索。这个挑战的过程就是追求，都会了也就不想玩儿，原因也是少了追求。

把大人的事业追求告诉孩子，让孩子参与家庭的生活追求与家长的事业追求，也能培育孩子的幸福感。2001 年，我到瑞安市安阳实验小学当校长时，两个孩子只有 7 岁，我与他们慎重商量了一回要不要当校长，碰到困难怎么办。到 2011 年我离开瑞安，10 年间，瑞安市安阳实验小学经历了大发展，从一所新校发展为温州市知名学校。这些喜事我自然都会与两个孩子分享。学校也经历了多次危机，我感觉适合孩子知晓的，也都将事情的来龙去脉详细介绍。如此一来，学校的发展，自然也变成两个孩子的共同追求。

2006 年，我申报、参评温州市第九届"十大杰出青年"，两个孩子很期待。评选中安排有演讲环节，我发现同时参评的有位到西藏支教的老师，就说"如果只有一个名额，应该归支教西藏的老师"。回来后，我说了情况，估计评不上了。两个孩子分析："爸爸做得对，如果不惜争荣誉，即使评上也没意思。"后来居然评上了。两个孩子的幸福劲儿，很令人动容。

第四章

如何实施家教

一、找到孩子的特别兴趣点

兴趣，是探索未知世界的动力，是有效学习的基石。孩子一旦对某事物有了浓厚的兴趣，就会主动去探索，从而带动综合素养的提升。

保护孩子的好奇心

以儿童眼光来看，世界万物都新鲜有趣。孩子常会突发奇想：电视机拆开会是什么样子？把水龙头开了，脸盆里的水怎样漫出来？家长发现这些"破坏性"行为时，要弄清楚孩子的想法，如果是好奇心使然，不能不分青红皂白斥责。我对好奇心与调皮的区分方法是：孩子第一次出现调皮行为，是好奇心；多次出现同样的破坏行为，大多为调皮。

陈杳与陈杲3岁时，我有次下班回家，发现他们低头不吭声，原来他们将我妻子的化妆品都涂在了墙上，受到我母亲批评。我问为什么要这样做，他们支支吾吾道出了缘由：看到爷爷油漆墙壁时用一种白色的粉浆打底，总能涂抹平整，也想试试，可爷爷说油漆有毒不让试。这时候，鼓励他们的好奇心显然比批评违规更重要。

有段时间，两个孩子吃饼干时喜欢慢慢啃，啃成不同的动物造型，放在桌子上久久舍不得吃。以这样的方式吃东西，显然是不卫生的。我教育他们，讲卫生关系到健康，每次吃饼干前要洗手，如果要放着看看，放在餐巾纸上比较卫生，游戏结束时就要吃完。后来他们遵从了讲卫生的要求，我也就宽容对待"啃饼干"的游戏。

寻找孩子的特别兴趣点

孩子对一般事物的兴趣，往往停留在肤浅的层面。如果发现有持久兴趣，有可能就是这一事物与孩子心智的某方面有特别联系，此时家长不能轻易放过，要看看是否有什么特别的教育契机。

陈杲3岁时的一天，关上门躲在房间里，静听闹钟发出的滴答声。我引导他观察声音与秒针的关系，结果他很快学会了看分针与时针。还有一次，我带陈杲去看望我的一位老师，那里门牌有点儿乱，陈杲在寻找门牌号的过程中，发现了单双号的门牌规律。这些事情，显现了陈杲对数学特别敏感。

陈杳幼儿时，好几次晚上睡觉时要点着灯。原来，她假装睡觉，等我们下楼后，她再看天花板上灯旁边的小飞虫。我问她有什么好看的，她说，小飞虫的一家人都在说话，然后说了想象出来的"对话"。我再次发现，陈杳的想象力特别强。

两个孩子小时喜欢玩儿筷子玩具，细致观察后，我发现，陈杲更关注数字，陈杳更喜欢图形。抓住了特别兴趣点，才可能与孩子有更多的共同语言，引导时才能更具针对性。

从兴趣到爱好

兴趣有一个发生、发展的过程，从有趣开始，产生兴趣，然后向爱好、志趣发展。兴趣是爱好的心理基础，爱好进一步强化兴趣。

陈杳与陈杲幼时，我发现他们对地球仪特别感兴趣，于是就引导他们认识各个国家的地理，涉及国家首都、经度、纬度等知识。当时家里配备了大小不一的地球仪，他们乐此不疲地进行观察，还用尺子量不同地球仪上的国家与国家之间的距离。

后来，我看到一个吹气地球仪，买回后深受两个孩子喜欢，他们不断研究吹气与放气后地球仪上各个国家地理位置的区别。我出差时，常带些地图回家，两个孩子很喜欢研究。这个兴趣后来变成他们对地理的爱好，读中学后地理学科都学得特别好。

孩子的兴趣越广泛越好，可爱好并不是越多越好，人的精力是有限的，希望什么都爱好，会加重学业负担。家长要根据孩子的兴趣与天赋，帮助孩子对爱好进行取舍。

两个孩子小时兴趣相当广泛，我引导他们有所选择地发展爱好。陈杳小时也喜欢画画、音乐，但更喜欢科学探究、阅读、作文，我也就不勉强她发展画画、音乐的爱好，而是顺着她的兴趣专攻作文与科学研究。陈杲幼儿时对数学表现出特别浓厚的兴趣，我就强化他形成对数学的爱好。

不做傻事：强扭的瓜不甜

饭吃饱了，还勉强喂；不喜欢吃肥肉，非要逼着吃。这些都是苦差事。学习也一样，如果孩子不喜欢，除非是基础性学科需要保底，一般不应该强迫孩子。有时候，家长认为很重要的知识，也并不是非学不可。退一步海阔天空，转换一个方向也许风景独好。

我曾碰到一位家长，逼着孩子学毛笔书法，孩子却压根没心思，有一次又急又恼一连写了几个"杀"字。我说，练书法有很多好处，但仅仅是一门艺术技能，并非必修课。后来这个孩子放弃书法学习，心态逐步趋好。

即使是一门非常重要的学科，如果孩子不喜欢，家长也不能硬逼着孩子服从，而应该想办法通过引导，让孩子明确学习的目的。选择合适的情境，有可能改变孩子的兴趣。

例如，孩子不喜欢阅读，可带孩子参加读书节大型活动；孩子不喜欢作文，可带孩子观摩作文比赛现场。这些热闹的场合，会让孩子产生"情境兴趣"，使孩子产生跃跃欲试的热情。

志向激励也是不错的方法。志向会产生意志力，对一些并不感兴趣的东西，人们也会因为克服了困难而产生成功感，进而发展为学习兴趣。另外，如果家长给予特别的评价、鼓励，孩子也可能会产生动力，慢慢会形成兴趣。

陈杲10岁时，对文科类书兴趣不大。一天，我把《中华上下五千年》《世界五千年》等书放在书房的显眼处，我和孩子妈妈故意"暗地里"大声讨论："如果小孩能读些文科类书，长大后会很有出息。"陈杲果然听到了我们的"讨论"，这样的暗示法起了作用，不久他开始看起历史书。我马上表扬："你怎么想到看历史书？这可是件了不起的事！如果文科和理科都喜欢，就是天才了！不过很难坚持的。"后来陈杲也慢慢喜欢上了文科书。如果我当时强制他看文科类书，结果就难说了。

让兴趣为学习添彩

孩子有了兴趣，如果不引导到学习上来，是很可惜的。带孩子到户外游玩，也许仅仅是玩儿而已。如果引导孩子认真观察、分析，就由玩儿转变成学习了。

例如，孩子爬山看到溪水，提出"水为什么往下流"等问题，家长告知答案，这是一种简单学习；引导孩子查找资料，就是一种探究性学习。又如，孩子看到广场的喷泉，可能会联想到溪水都是往下流，为什么喷泉可以往上喷，回家做些探究，看看到底怎么回事，这时就是综合性的学习。

我发现陈杏喜欢观察小飞虫的兴趣后，就引导她把想象的故事讲出来。陈杏讲得绘声绘色，说的能力就无形中得以发展。看小飞虫是游戏，把想象的故事讲出来就是学习。这就把兴趣引导到学习上来了。陈杏上学后，作文学得特别快，与我们从小培养她说的能力是分不开的。

陈杏与陈杲对科学的浓厚兴趣，带动了学习的热情。陈杏报考南方科技大学时，写了一封自荐信，其中谈到自己的科学理想。例如，讲到电风扇叶片谜团：当叶片旋转时，会看到叶片似乎在向反方向缓慢转动。当时两个孩子发现这个奇怪现象，以为眼睛看花了，用照相机进行录像，确认存在这种现象后，查找了大量的资料都解不开这个谜。两个孩子常被这些细心观察而来的研究兴趣吸引到勤奋学习上来。

二、把玩儿和学结合起来

孩子一出生，就通过玩儿来了解世界。幼儿期，通过玩儿来学习；学龄期，在学习中也少不了玩儿的因素。玩儿与学并不矛盾，玩儿可以促学，学离不开玩儿。亦学亦玩儿，不仅学得更有效，也更能享受童年的幸福。

玩儿有原则

玩儿，带给孩子无可替代的幸福。但如果引导不好，玩儿也会损害孩子的习惯、性格。古语说："玩物丧志。"家长要注意引导，防范玩儿对孩子的伤害。

首先，是安全防范。孩子的玩儿带有随机性、情境性。孩子的心理具有猎奇性，越危险的地方，可能越能引起他们的好奇心。陈杳与陈杲婴幼儿时期，我不允许他们爬高，楼梯上不能玩儿，电插座不能玩儿，不能玩火儿。这些危险的事情，如果家长不特别指出来，孩子就很可能会玩儿。

我家瑞安市区房子的屋顶有 40 多平方米的阳台，这是两个孩子玩儿的乐园。我在栏杆周边摆满花盆，规定不能越过花盆到栏杆边玩儿。对剪刀之类，两个孩子读小学时才允许使用，而且只能是必需时才可以用。

其次，要注意避免损害好习惯。我从小生活在农村，村里的伙伴们喜欢疯跑，很多伙伴野性十足，读书特别认真的就不多。所以，我不太赞同让两个孩子玩儿疯跑的游戏。两个孩子婴幼儿期，外出时基本上都由大人陪同。到亲戚家做客时，有些孩子喜欢疯跑，我都不让两个孩子参加。

再次，对一些刺激性的游戏，我不提倡玩儿。两个孩子小时，冒险的事不喜欢做，如在幼儿园，滑滑梯也只是偶尔玩儿一下；到儿童乐园，对有冒险性的游戏，如升到高空很快降下来，坐汽艇在高空冲向水面，诸如此类的游戏，都不喜欢玩儿。我本身不提倡，也就表扬两个孩子有主见，讲安全。

玩儿与学不矛盾

玩儿是孩子的天性，而学习，也是孩子的天性。孩子都喜欢学习自己感兴趣的东西。学习，也是做人的责任，对自己、对家庭、对社会的应有责任。身处信息时代，孩子若没有一定的文化基础，以后找工作、创业都会有困难，自然会影响生活品质。引导孩子认真学习，是家庭教育的重要职责。

学与玩儿并不矛盾。陈杳与陈呆幼儿时，我常以游戏引导他们学习。例如，做"狼与羊"的游戏：父子各手持玩具狼与玩具羊赛跑，"羊"被"狼"抓住了，"狼"说"如果你们谁能解决我的难题，我就放了羊"，于是，背古诗、做数学题、解决生活中的难题就成为一种情境性的学习。这种快乐的学习本身就是玩儿。"狼"还会说"谁能锻炼身体 20 分钟，我就放了羊"，或"谁能画一张画，我就放了羊"，或"谁能把客厅的地板擦干净，我就放了羊"，两个孩子同样都抢着做。

刚搬家到瑞安市区时，家里常常停电。两个孩子很喜欢停电后点蜡烛，可以玩儿影子游戏，用手形变换看影子变换。我借机引导他们观察光线经过木头的小孔和管子之后的影子变化，给他们讲光学原理，他们很感兴趣。陈杳曾写了篇作文《我爱黑暗》，还喜欢上了暗物质研究。后来，在报考南方科技大学教改实验班的面试中，陈杳对暗物质的认识，赢得了评委老师的好评。

陈杳与陈呆小时，玩儿与学结合得最好的，数玩儿摆筷子和玩儿棋、玩儿牌。

两个孩子 2 岁左右，我准备了围棋、跳棋、象棋、飞行棋等。3 岁左右，两个孩子下五子棋已比较熟练。我对下棋没有什么要求，全凭他们兴趣。平时两个孩子下棋，我常在旁边观看，给予鼓励和赏识。

两个孩子 8 岁多，棋艺基本上已与我持平。一次，朋友带他儿子到我家，这个小孩已读小学毕业班，平时下五子棋很有一套。陈呆提出下五子棋，朋友的儿子瞧不起小好几岁的陈呆，以不屑的表情下了几局，全部输了。然后正襟危坐，再下几局，还是输了。

在引导下棋的同时，我引导陈杳与陈呆用四张扑克算 24 点。陈呆 2 岁多会用加减法，4 岁多会用乘除法。陈杳上幼儿园时会用加减法，在与陈呆的较量中，进步也较快。一次，陈杳与陈呆较量，算了 3 个小时，不分胜负。

棋和牌，不仅使童年生活更加丰富多彩，本身也是很好的学习。首先，下棋和算扑克牌，有一定的思维训练的效用。同时，玩乐时培养了进取精神和良好心态。孩子都希望自己赢，这是上进心。有赢就有输，输了之后，孩子心里肯定难过，这也是挫折教育，这是学习做人。

引导孩子有目的地玩儿

幼儿的玩儿主要是游戏，多数游戏是随机的。家长要引导孩子，将随机的玩儿逐步导向有目的的玩儿。游戏的目的，大体上可以是健身、开阔视野、发展智力、培养性格。

婴幼儿时期，陈杳与陈呆玩儿得最多的是乒乓球游戏。双方对打，做好记录。有段时间，他们创新了"乒乓球拯救星球"的游戏，想象有个魔王想害某个星球，如果两个孩子对挑乒乓球不到 100 个，魔王就会大笑；对挑 100 个以上，魔王就会哭；对挑 200 个以上，魔王就被消灭了。把打乒乓球与童话般的故事联系起来，他们长期乐此不疲，自然既益智，又达到健身的效果。

两个孩子喜欢在纸上玩儿游戏。我给他们一些白纸、作文本，他们特别喜欢画画、写写。他们喜欢在纸上画迷宫，定好一些规则，互相考验对方，还常与我侄儿浩、侄女智玩。有段时间，陈呆在作文本上创新了"挖金矿"游戏：先画好金矿地图，以铅笔代人走路，由掷骰子确定走几步，走到相应地点就算找到金矿。陈杳创新了"鳞片国"游戏，在白纸上画满鱼鳞的图，轮到玩儿的人，代表一个国家，把鳞片补成圆，最后看谁的圆占的地盘多。这些游戏，既有动手，又有动脑，既有创新，又有规则要求，利于益智与规则教育。陈杳还喜欢画连环画，自己想象了很多角色，许多故事情节很有童趣。

两个孩子上学后，我引导他们结合学校课程玩。例如，语文的课本剧，数学的测量，科学的观察与实验，都是很有意义的"玩儿"。两个孩子转学到瑞安市安阳实验小学后，学校里有综合实验基地，他们对种植与制作很感兴趣。陈杳特别喜欢种植，认真体验过的种植活动，有种玉米、种萝卜等。种植，不只是劳动，观察、记录是科学，计算、看图形是数学，写生、画图是美术，记录故事与体会是语文。我在屋顶阳台添置了盆栽花草，并配备了木头、电线、螺丝刀等工具、材料，两个孩子玩儿得不亦乐乎，既丰富了体验，也有利于各科学校课程的学习。

三、给孩子留足面子

每个孩子都有自己独立的人格，尊重孩子的人格，就要正视孩子的人格特点，平等对待，并着力培育孩子的健全人格。

人格分自然人格、社会人格与精神人格。自然人格追求身体的自由，精神人格追求思想的自由，社会人格介于自然人格与精神人格之间，追求规则下的相对自由。

孩子的人格，是不断自我完善的过程。

尊重孩子的独立人格

孩子有自己独立的"江湖"。

孩子也许会为一条金鱼的死而伤心，因为这条金鱼是经历中的重要元素；也许会对一个布娃娃充满感情，因为它曾是委屈时倾诉的"朋友"。孩子期末考试后回家，家长可能最关心考得怎么样，而孩子感兴趣的可能是考场上发生的某件事。带孩子去外婆家，家长也许是为了看望长辈，可孩子也许更喜欢找曾经的玩伴，或者看看外婆家门外的水井、记挂了好久的燕子窝。在孩子的"江湖"里，他们会有自己独特的情感体验和是非标准。

尊重孩子的人格，意味着教育不能专制，而是以平等的对话，来追求和风细雨中的感悟。

陈杳与陈呆9岁时的一个晚上，陈杳、陈呆、我妻子在吃苹果。

我说："你们有福享，怎么不叫我？"

妻子拿了一个苹果给陈杳，说："给爸爸削苹果皮。"

"我不削。"陈杳正吃得香，随口回答。但话一说出口，表情有点儿不自然。

我开玩笑说："太伤心了。不过孩子应该孝顺长辈，杳杳怎么不懂？估计是想等吃好再削。"

"爸爸自己也会削嘛。"陈杳不会轻易改变态度。

陈呆感觉到有问题了，做起了和事佬，说："我吃好后为爸爸削。"

我就坐着，等着看两个孩子如何处理此事。

一会儿，没有什么动静。我看看陈呆，他吃得特别慢。

陈杳吃好了，没有行动。妻子站起来，去削苹果。陈杳坐不住了，跑着上了楼。

等我吃完苹果时，陈呆才吃完。

我说："呆呆故意吃得慢，处理得很好。"陈呆不语。

"吃得快了的确难处理。削苹果吧，姐姐心里会不舒服；不削吧，爸爸这里难对付。最好的办法就是慢慢吃。"我表扬陈呆的处事方式。陈呆笑了。

我说："生活中难免会碰到一些两难的事。"我给陈呆讲了"王顾左右而言他"的故事。

一会儿，陈杳下了楼，说："我头晕，可能是感冒了。"

我给了陈杳"一个台阶"，摸了摸她的额头，说："喝点水就会好。"

陈杳高兴地去倒水。

喝水后，陈杳坐在我身边跟我套近乎，说："我头晕，什么事情也不想干。"

我说："身体不舒服当然不想干事啦。"陈杳宽心了。接着，我对她讲了些做人、处事的道理，陈杳不住地点头。

削苹果风波悄然过去，没有批评，没有干巴巴的说教，但两个孩子不经意间有了收获。其中，更多的是平等对话，是对孩子人格的尊重。

给孩子留足面子

孩子犯错如家常便饭。家长要引导孩子认识到，犯错是不可避免的，关键在于对待错误的态度和寻求纠正错误的方法。孩子犯错后，固然需要批评甚至惩罚，但也要给孩子留足面子。

陈杳幼儿时与陈杲吵架后，常会一个人跑到房间大哭，一定要等大人去劝说一番才出来。有一次，我在家，故意迟些去劝，然后蹑手蹑脚地走到房间门口，发现她并没有哭。原来她在听大人的脚步声，调节哭的"进度"。我蹑手蹑脚地回到楼下，再大模大样地上楼，听到陈杳在哭。我推门进去，劝一会儿，陈杳就高兴了。陈杳后来说，听脚步声，就可判断是谁上来了。我之所以没有在陈杳不哭的时候推门进去，是为了避免她让人发现假哭的尴尬。

两个孩子喜欢向我汇报在学校的表现。上幼儿园时，有一次说到"某同学表现不好"，我听得出，实际上是他们自己犯了错。我没有戳破"谎言"，而是顺着孩子的思路，批评"某同学"不对。儿童的心理特点，自己犯了错误，想着"如果是某同学犯错就不会被家长批评了"，想多了就有可能在心里留下"某人犯错误"的记忆，所以幼儿的"谎言"不一定都是故意的。即使孩子说谎了，家长也不能不给面子。如果马上指令"以后再也不能说谎",不仅无助于教育、引导,可能还导致他们以后有错不会再向家长汇报。

孩子生长的道路往往是不平坦的,碰到一些困难,甚至走一些弯路,都很正常。家长需要的是冷静的引导,如果焦虑、气愤,不仅无助于解决问题,还有可能会因小失大。

让孩子自主进行交往

孩子是家庭关注的中心,当与大人发生矛盾时,由于大人谦让,矛盾就弱化了,长此以往,很多孩子难免会形成自我中心倾向。而在学校时,孩子之间的交往是平等的,冲突也就容易出现。从社会化角度看,这些冲突并不都是坏事,正是锻造孩子人格的契机。

陈杳与陈杲从小在不断的冲突中学会了谦让。上学后,我特别关注他们的人际交往。两个孩子交往方面碰到烦恼时,常向我请教,我都会客观分析,让他们自己找对策。陈杲小学跳级后,比同学小三岁,也都很容易与同学打成一片。陈杲至今还记得与同学玩儿"追人"游戏,陈杲跑得慢,同学们规定,他人追上陈杲不算赢,而如果被陈杲追上,就算输。

陈杳性格比较开朗,朋友特别多。陈杳一年级时,有次被一个好朋友同学欺负,哭了。爷爷来接时问怎么哭了,陈杳编了其他理由,欺负她的那个同学,后来与陈杳又好了。有段时间,这个同学又说与陈杳绝交,陈杳伤心了好几天。正好班主任王乐之老师布置向智慧爷爷写几句话的作业,陈杳写了自己的苦恼。王老师的评语写道:"你是个善良的孩子,相信你们还会成为好朋友的。"陈杳开心了,不久又与这个同学好了。这些过程,我很少干预。

陈杳读小学六年级时,班里有个同学总是指挥她做事,如要陈杳倒水给她喝，如果陈杳动作慢些，还会受指责，陈杳心里很不舒服。我给她提了些建议，后来她处理得很好。

培育孩子的健全人格

什么样的人格，才是健全的人格？可以从两个维度来把握。

横向的维度，要注重自然人格、社会人格、精神人格的和谐。纵向的维度，要注重孩子的独立性。

陈杳读六年级时的一天，我下班回家，发现陈杳与陈杲愤愤不平的。陈杳说："我听到有同学说爸爸不会当校长，学校童话世界景区内的柏树迷宫有许多蜘蛛网。他们说，幼儿园里就没有蜘蛛网。这个同学真是坏蛋！"陈杲说："不过，有的蜘蛛倒真的有毒。爸爸还是早点儿把蜘蛛处理掉才好。"

我笑了，说："你们有什么办法可以解决蜘蛛问题吗？"两个孩子想不出好办法。

我说："可以发一个通知——各种各类蜘蛛：为了还瑞安市安阳实验小学学生好环境，为了避免有人说校长不会当，特别是为了避免学生担心蜘蛛有毒，务必在一个月内离开学校自谋出路，可以飞到说校长坏话的同学家中去，也可以飞到幼儿园去。"孩子们笑了。

我说："大不了用绿星卡。10天内飞离校园的奖绿星卡3张，20天内飞离校园的奖2张，一个月内飞走的奖1张。一个月后还不走的，一律开除。"两个孩子笑得前俯后仰。

我问："人的耳朵是专门听好话的吗？"两个孩子说："当然不可能。"

我说："我们没办法让耳朵只听好话。每个人的背后总会有人议论，有说好的，有说坏的。听到好话自然高兴，听到坏话也不必难过。如果听到别人说坏话就难过，这是小心眼儿。为了一句微不足道的话而伤心，一般难有作为。"两个孩子都赞同。

我又问："人的嘴巴是干什么用的？"

陈杳说："我觉得还是不要讲人家坏话好，人家听了会难过的。"

陈呆说："有时提提建议是好的，但不能乱说别人的坏话。"

我教育两个孩子切记两句话：一是"祸从口出"，避免自己不知不觉伤人；二是"走自己的路让别人说去"，不要让别人无所谓的评论左右自己的情绪。

孩子的生活世界，往往都是由这些细碎的事组成。陈杳与陈呆听到人家说爸爸的坏话，心里不舒服，这很正常。但是，如果缺乏恰当的引导，慢慢积累，有可能会在心灵上留下影响。

健全人格的培育，就如枝条上的嫩芽。只要春风吹拂，雨水滋润，在你不知晓的时候，它会悄悄冒出来。

四、不做拔苗助长的事

教育要追求孩子在原有基础上进步。如同小溪流水缓缓流淌，孩子的生长不一定都要发出特别的声响。家长要享受孩子生长的宁静的幸福。

教育因功利心而迷失

许多家长很在意有用与无用。凡阅读，喜欢孩子看作文类书籍；凡劳动、学雷锋，常认为无价值。当前高中普遍开设了通用技术课程，有些家长不认同这门课程，认为其无用；学校要求孩子假期参与社区考察、体验劳动，有些家长就代劳去盖个章来应付……这些做法并不妥。

教育是复杂的系统工程，对一些综合性的课程，很难分清什么是有用的，什么是无用的。比如说读报纸，很多人都觉得没用，而陈杳与陈昊正是通过读报纸，拓展了知识面，并从中获得对社会的认识。

还有，教育要遵循"不愤不启，不悱不发"的原则。如果不是经过冥思苦想而又想不通时，就不去启发他；如果不是经过思考并有所体会，想说却说不出来时，就不去开导他。这是孔子留给我们的教育法则。

陈昊小学时曾跳级。许多人问我，为什么不同时让陈杳也跳级？原因是我对跳级也吃不准到底好不好，关键是陈杳并没有跳级的想法。这时候，陈杳没有"愤"没有"悱"，我自然不应该勉强。陈杳读初中后开始自学，逐步形成了自学能力。她提出了也要跳级的想法。这时，陈杳有"愤"有"悱"了，我们慎重商量后，觉得可行，就让她跳了一年。

教育不能有太多的功利性，如果为了名声而拔苗助长，并不可取；但如果有了特别的契机，那就要把握机会。

离成功最近的路往往不是直线距离

任何一门学科或一种技能，诸如书法、钢琴，或语文、数学，都具有系统性，学习时都需要循序渐进，遵循学科的内在规律。希望一口吃成个大胖子，是不可能的。孩子的生长，如树的年轮，急是急不来的。

一些孩子考试时很简单的题目也常失分，家长总是埋怨孩子太粗心，或者希望找个老师及早地补上。实际上，很多时候失分不是因为孩子粗心，而是因为综合能力不足。孩子的能力发展是一个缓慢的过程，你天天盯着，很难看到进展。长期引导后，蓦然回首间，孩子可能已经发生了可喜的变化。

当前，层出不穷的"富二代""星二代"等问题，就与这些孩子缺少循序渐进的过程磨砺有关。这些孩子的家长，因为溺爱，往往利用手中的资源，为孩子设计了以最快速度达成目标的方案，轻易获得他人难有的"荣耀"。殊不知，孩子的性格、能力等都需要在循序渐进中生长、成熟，不劳而获的"成果"，并不一定就是好东西。

循序渐进不等于慢教育

有个小故事叫《牵着蜗牛去散步》，说的是"我"原来希望蜗牛爬得快些，可蜗牛尽管尽力了还是爬不快，"我"只好被迫跟着蜗牛慢慢走，结果闻到花香，听到鸟鸣，看到满天灿烂的星斗。有时候，教育需要慢速度，这样家长既能让自己享受更多幸福，也有助于孩子快乐生长。

我的外甥彬小学三年级时住到我家，一直表现平平，直到初中二年级获得小发明奖后，才有大的转折。这个转变过程跨度很长。其间，我始终以平和的心态宽容对待他的缺点，并努力发现、欣赏他丁点儿的闪光点和进步。如果我有情绪化的教育心态，恐怕彬就不会成为上海交通大学的硕士生了。

陈杲读小学一年级时，拼音的前鼻音与后鼻音分不清，"妹"与"梦"也分不清，我没有急于纠正。因为没有做作业，字写得歪歪斜斜，我也并不觉得是个问题，自然也没有马上补上。读初中后，不知不觉中，他的普通话也说得不错，字写得也有模有样了。陈杲小学没有写过多少作文，作文总体写不长。尽管我对作文教学还是有经验的，也没有给他补课。我觉得，陈杲从小喜欢阅读，到一定时候，作文没什么可怕的。果然，读初二时，语文老师娄胜文布置了作文题《童趣》，陈杲有兴趣，写了自己对昆虫的研究，才四百来字，却写得生动、活泼。娄老师鼓励他，把文章推荐到校报上发表。陈杲领了 10 元稿费，自此写作文信心大增，作文水平迅速提高。

但是，循序渐进不等于慢教育。当前，慢教育很流行。相对于应试教育的狂热而言，慢教育是有积极意义的。而如果认为，不管什么情况都要慢些，也有违教育规律。牵着蜗牛，要走得慢；如果是牵着兔子，就要走得快些；如果是牵着螃蟹，就需要走些弯路。该慢时有点儿急，该快时慢慢来，都不是循序渐进。有的孩子具有很好的天资，如果也慢慢来，很容易埋没天分。

五、中度要求

孩子的生长需要家长引导，但不是由家长控制。完全顺其自然，是放弃教育的责任；要求过于严格，则会伤害孩子的人格。放手让孩子自我锻炼，并在自主生长中加以引导，孩子的人生路才能走得更稳健。

没有要求就没有教育

教育需要尊重与要求相结合。缺乏起码的尊重，孩子就会不服气，甚至心生怨恨。但尊重孩子，仅仅是有了教育的基础。

教育的黄金准则是，尽可能多地尊重孩子，尽可能恰当地要求孩子。家长是孩子的第一任老师，如果缺乏恰当的要求，孩子的生长就如同断了线的风筝。

什么是恰当的要求？

首先，说得清楚，听得明白。陈杳与陈杲幼儿期时，我不允许他们玩儿电子游戏。我的话是"电子游戏不能玩儿"，清清楚楚。如果我说"少玩儿电子游戏"，他们就难以把握怎么算"少"。对看电视，我把可以看的时间规定好，两个孩子就清楚。我如果说"少看害人的电视"，他们就难把握：什么样的电视是"害人的"？两个孩子上学后，我引导他们制订了作息时间表，学习时间不能玩儿，休息时间自由安排，劳逸结合的要求得到落实。如果我说"少玩儿些，多学习些"，孩子自然就难以把握。

其次，通过努力孩子可以做得到。网络上流传一个《拔钉子的故事》。一个孩子脾气很差，常跟人打架。父亲就找来钉子，当孩子打架时，就在篱笆上钉一枚钉子。孩子好奇了，说自己以后再也不打架了。父亲说，如果一周内不打架，就从篱笆上拔下一枚钉子。孩子果然坚持了一周，父亲带孩子拔了钉子；孩子犯老毛病了，带孩子再钉一枚钉子……慢慢地，篱笆上的钉子拔完了。父亲说："你虽然已改正缺点，可曾经对人的伤害，正如这些钉子的痕迹，是很难消除的。"这个故事也许是虚构的，但很好地说明了要求的恰当性。"坚持一周不打架"，相对好做，如果父亲提"以后不允许打架"，教育效果就难说了。

要求过严有损孩子人格

要孩子听父母的话，并不是时时、事事都要加以控制。古代的家族文化等级森严，孩子胆战心惊地生活，这是很可怜的。现在也有一些家长，对待孩子过于严厉，动不动就体罚，会在孩子心灵深处留下伤痕。

家长需要与孩子订一些规则，但规则不能太多。孩子毕竟是孩子，规则太多不容易记住。幼儿期时，孩子相对顺从些，尽管如此，家长也要对孩子多一些商量的口气。从小学高年级段开始，家长如果还希望强加控制，孩子往往就会反抗。对孩子的教育，以中度要求为好，这样既不至于太宽松而滋生坏习惯，也不至于太严格而留下痛苦的印记。

我家的家庭教育，总体是宽松的。陈杳与陈杲非常自由地玩儿，一般我都少有干涉。两个孩子的学习分数，我基本上不在乎。考试了，我会鼓励一下；分数出来了，我先听听他们自己的评价，之后也基本上只是鼓励一下。

陈杲读初一时，有次考试排全段第 101 名，学校公布了前 100 名光荣榜，陈杲有点儿难过，我母亲说："好啊，出个头就好。"后来又考了次全段第 51 名，恰好学校只公布前 50 名学生名单，我母亲又说："两次出头，更好。"陈杲两次都征求我的意见，我都说："奶奶也是教育家。"陈杲笑了，也就没有心理负担了。

不轻易向孩子提要求

孩子心智不成熟，需要家长提出要求并加以引导。但如果是孩子不可能做得到的，家长就不应该轻易提出要求。例如，"你不要调皮，如果调皮我就对你不客气"，"调皮"是长期形成的坏习惯，怎么可能一下子就改变？有的孩子放学回家总是先看电视而迟迟不做作业，家长说："以后如果还看电视，我就打死你。"这更有问题。孩子不可能不看电视，惩罚的措施也不可能做得到，这是家长在为难孩子的同时，也在为难自己。

在同一个时间段里，对孩子提的要求不能太多。有些家长特别爱唠叨，带孩子外出时不住地提醒，这样的旅途必定很折磨人。

我常看到妈妈们一路上对孩子说教，看到熟人叫宝宝打招呼，说轻了些，马上要重新叫一次，孩子稍有不如意，就当众批评。这样的要求，缺乏对孩子起码的尊重。我当校长多年，常有家长带孩子到我的办公室里来，司空见惯的是，家长总是不断地要求孩子"叫校长好""跟校长说再见"。

我想，这些指令的背后折射出教育的问题，这些家长向孩子提要求太随便了。

我带陈杳与陈杲出门时，一般都是事先提些要求，不会在过程中再提要求。即使孩子在路上有不良表现，我也只会事后教育。在路上进行教育，显然环境不合适。在不适合的场合提要求，会伤害孩子的自尊心。即使在家里，我对两个孩子提要求时也特别注意选择时机。如果觉得氛围不妥，哪怕我心里有话也先忍着不说。只有把握好教育时机，家长提的要求才能"入耳"。

提了要求不轻易放过

家长提了要求之后，就要想方设法帮助孩子达到目标。孩子幼小时，如果对家长说的话都不理睬，生长过程将充满风险。如何更好地让孩子听话？是否民主很关键。与孩子商量着提出来的要求，孩子就容易做，也喜欢做。同时，要让孩子形成一种心理体验：达到要求就会得到赏识，达不到要求自然会受到批评。

我对陈杳与陈杲提要求，一般是通过讨论问题然后总结出来的。例如，客人来我家，两个孩子忘了打招呼，我不会当着客人的面提出来。等客人走后，我会与他们讨论，让他们总结自己的表现，然后分析原因，提出要求。因为是他们自己总结出来的，改起来也就相对容易。下次客人来了后，如果哪个孩子依然忘了打招呼，我仍然会在客人走后再讨论。经多次强化后，两个孩子自然容易达到我的要求。这时候，我的赏识教育就派上用场了。

凡提出了要求，我就希望可以看到孩子的变化。例如，我们约定外出做客时，必须守规矩，要做到温文尔雅，体现良好教养。提出要求后，我都严格要求，不断提醒与强化，长此以往，他们也就水到渠成形成了良好习惯。

陈杲读初中时的一段时间里，与人交谈时眼睛斜视。我发现之后，先请教医生，排除了生理原因后，我归因于习惯，对陈杲提出了严格要求，直到好几个月后纠正过来为止。

大事清楚小事糊涂

真善美、勤劳、淳朴、同情心，这些都是主流价值观。核心价值观固然重要，但并不是说事事都控制着孩子。如果对一些并不要紧的事情也盯得过紧，家庭氛围就有点严酷。

孩子不断出现问题，这是正常现象。孩子的缺点与问题，犹如身上的细菌，细菌并不可怕，希望身上没有一点儿细菌，既不现实，还可能是因为有洁癖。当细菌影响到健康的时候，自然得治一下；大部分时候，大可不必小题大做。"牛过去了看不到，只看到了牛尾巴上的虱子"，这话说的是人的不理智。这对家庭教育也适用。家长要盯着核心价值观，对非核心的东西，不能盯得过细，否则徒费精力，还可能有副作用。

陈杲性格有一个特点，凡不赞同的事，大人对他讲，他也不反对，可就是不认真做。比如，外出活动时照相，如果不是他自己想照，我们要他照个相，他常常故意不配合。每当这时，我总是很宽容。如果对这些并不要紧的事情进行批评，起码破坏了外出活动的氛围。

陈杳一直以来不喜欢体育课，尤其怕长跑，有几次体育课还逃课。这也并不是大不了的事，我都装糊涂。陈杳小学时，常常有点儿"心散"，因为总体成绩很不错，我也就没指出问题来。读初中后，陈杳尝到了自学的乐趣，自然也就很用功了。

六、用亲情感化孩子

家庭教育，要让孩子感受到浓浓的亲情。

爱是亲情的核心元素

在孩子的生长过程中，既需要母亲感性的爱，也需要父亲理性的爱。父母的爱，滋润着孩子的心灵。

一直以来，我把家庭教育看作自己的重要职责，给了陈杳与陈杲更多的爱。

我妻子是小学语文教师，与普通的妈妈相比，她多了一份教育的理性。两个孩子出生后，妻子请假 3 年，给了孩子更多的爱。1998 年 9 月，我妻子调到瑞安实验小学任教，为了有更多的时间与孩子在一起，我们在离瑞安实验小学不到 200 米的地方买了房子，便于妻子上班，客观上也使两个孩子有更多的时间与妈妈在一起。我妻子曾被评为温州市优秀班主任，但考虑到要有更多的时间给两个孩子，妻子一直没有参评副高职称。

从亲情的视角，孩子的生长也非常需要祖辈的参与。相比于父母，祖辈对孙辈的爱更加包容，亲情味更浓。两个孩子出生后，我父母从农村来到我家，一直到陈杲考上大学，我们都住在一起。常有人说，孩子跟着祖辈，会因太多的溺爱而受损。我不同意这个观点。我父母对两个孩子的健康生长，付出的汗水与教育智慧，是不可替代的。两个孩子婴幼儿时，我家庭教育经验不丰富，有时可能会对两个孩子过于严格，我父母正好可以中和一下，常使我们的家教更有弹性而多了份亲情。

缺乏亲情是家教的遗憾

陈杳与陈呆出生后，曾多次有领导推荐我去瑞安市政府部门工作，我不愿意离开教育工作。相比职务升迁，我更看重亲情。两个孩子小时，我先后在瑞安市教育局和瑞安市安阳实验小学任职，免不了会有应酬。我的原则是，可去可不去的坚决不去，非去不可的尽量早回家。现在回想，我很欣慰能有较多的时间陪伴两个孩子。

孩子年龄越小，就越离不开父母。一些家长，因生活所迫或工作繁忙顾不上与孩子亲近，或把孩子托付给保姆，或将年幼的孩子送到寄宿制学校。不否认有些保姆很有责任心，在养育方面也很专业，但最细心的保姆，其给孩子的亲情也不可能与父母相比。我曾任职的瑞安市安阳实验小学是寄宿小学，在习惯的养成方面，学校是卓有成效的，可再好的学校，都不可能弥补亲情。我的外甥彬、外甥女洁、侄儿浩、侄女智，先后都曾住在我家，我都要求我姐姐、哥哥有空就到我家里来与孩子们聊聊，双休日尽可能地把孩子领回家。

陈呆 14 岁读中国科学技术大学少年班后，我几乎一个月左右就去一次合肥。当时从瑞安去合肥交通不便，从瑞安到温州火车站要 1 小时车程，从温州坐火车到合肥要 12 个小时，我还是坚持定期去。去得多了，门口的一些保安、学校附近商店的几位老板都认识我。有一次，我带陈呆在一家饭馆吃鱼，陈呆吃鱼身，我只吃鱼头，老板娘看后竟然因感动而减了饭钱，这件事被我戏称为"亲情也值钱"。有次我坐火车经过昆山时，想到与两个孩子小时候经过昆山时写的诗，就给陈呆发信息："昆山人挤人，厕所不换班。动车条件好，独缺'满口香'。"陈呆马上打来电话："爸爸是说我不在身边吧？"我们聊了很久，带着浓浓的亲情。

陈杳 16 岁读大学，我们夫妻俩分工，每两个月左右肯定有人去深圳看她。去深圳同样不方便，要坐飞机，我们觉得这是种责任，也就不怕麻烦。

以故事传递亲情

让孩子接触一些亲情故事，他们能从中感受亲情的力量。我给陈杳与陈杲讲过许多亲情故事。例如，《地震中的父与子》，讲述在一次大地震中，儿子与几位同学被困在废墟中的三角地带，儿子坚信父亲必定会来救他，父亲坚信儿子必定坚强面对，经过几十个小时的挖掘，终于救出儿子和同学……这些故事，不仅只是让人感动，更传递了生活的信念与亲情。

我父母喜欢听温州鼓词，鼓词说唱的大多是历史人物、神话故事，其中不乏亲情故事。陈杳与陈杲常听爷爷奶奶讲这些鼓词故事，不时受到亲情教育。

给孩子讲发生在自己家里的故事，更易引发孩子共鸣。两个孩子出生后不到半个月，17 号台风在我老家登陆。后来我把这段经历写成了博文，两个孩子在反复阅读中感受到了浓浓的亲情。陈杳 18 周岁生日时，写了篇 QQ 日志，提到："你的生命是如此来之不易，而当年更是家人在灾难面前的大爱使你幸存至今。你要对得起上苍的眷顾，对得起爱你之人之爱。"指的就是那个台风夜的故事。

让家充满温馨

温馨的家庭环境，民主是基础。亲子间相互尊重，孩子的心理就会宽松，孩子的行动就会自由。在温馨的家庭里，孩子是可以不断犯错误的。陈杳与陈杲的生长环境相当宽松。

我常和两个孩子幽默对话。陈杳小时哭鼻子时，我常以"对暗号"来幽默一番。我说："陈家的孩子应该是很有修养的，这么不讲道理又哭鼻子的孩子，很可能是在医院里抱错了，对对暗号看。"我做几个动作，陈杳也会做几个动作，有时她故意与我对不上。这时候，就有了说理教育的契机。幽默，使教育的过程也带着浓浓的亲情味。

我一家人都喜欢幽默。我父母也喜欢讲些幽默话，常把两个孩子逗乐。1997 年，我带陈杳去青岛旅游，两个孩子第一次分开，陈呆在家里常躺在床上发呆。我母亲幽默地说："姐姐去了青岛，弟弟在家也常躺（温州话与青岛同音）。"陈呆一听乐了。陈杳回家后，两个孩子玩儿了几次躺在地上聊天的游戏，取名"青岛"游戏，又乐了很长时间。

我家刚搬到瑞安市区虹桥路时，客厅里漏水。每当下了大雨，客厅里得摆着脸盆、水桶。我说："我们从农村搬到城里，就算漏水也不错了。再说，你急也没有用。"我就叫陈杳与陈呆乐起来。孩子喜欢玩儿水，当脸盆、水桶里盛满水时，争着倒水。

一次大雨过后，客厅、房间里摆了好几个脸盆和水桶，叮咚作响。我说："古代文人都很喜欢雨水，好雨知时节，当春乃发生……我们也是文人，我们也喜欢雨水。"我们一家人就按着《泉水叮咚响》的旋律，一起敲着脸盆唱着自己编的歌——"雨水叮咚、雨水叮咚、雨水叮咚响，穿过了屋顶，穿过了墙壁，来到我身旁，雨水呀雨水你到哪里、你到哪里去？带着我的烦恼，流向他乡。请你带上我的问候……"场面真有点诗情画意。

房子漏雨，算坏事，而我却把坏事变成了温馨的回忆。陈杳读大学后，有次想家了，在 QQ 上留言"雨水叮咚响"，其中的味道，只有我们家人才懂。

家庭是孩子远航的港湾

社会环境复杂多变，孩子的生长并非都是坦途，家长应尽可能地让孩子对家多一点儿眷恋之情，多一份怀想与责任。

我常有意让陈杳与陈杲感受到，以后是否成功都不重要，父母盼望的就是子女安康，因此即使碰到再大的困难，也要坚强面对。"当人们都关心你飞得高不高的时候，只有关心你累不累的人，才是最爱你的人"，用这句话来形容亲情，是最恰当不过的。

我曾和两个孩子阅读一篇感人的文章。文章讲述一个不争气的孩子，干尽了坏事，无脸见母亲而离家出走。几十年后，实在走投无路，悄悄在夜里回到老家，发现老房子的门没有上锁，家里还点着一支蜡烛。母亲醒了，说："我知道你会回来的。"当孩子责备母亲怎么不闩好门就睡觉时，母亲说："闩了门，你万一推门推不开，认为我不在人间了，又离开了家，这怎么办？"这个故事传递了"不管孩子以后表现怎么样，父母依然对孩子好"的意思。后来，陈杳问了我好几次："如果我表现不好，爸爸还认我吗？"我说："天下所有的父母，都愿意为孩子牺牲一切，就算你变成坏蛋，也是爸爸妈妈的孩子！"陈杳很感动，表示"绝对不会变坏"。

孩子长大后，会外出独立生活，家长要多与孩子联络，使家庭成为温馨的港湾，时刻等待"远航的船儿归港"。不管孩子听话不听话，这是孩子独立人格的表现；而与孩子多联络，是家长的责任。侄儿浩在英国留学期间，每周与家人视频通话，不断受到我的表扬。两个孩子读大学后，每周都给我们打电话或者视频联系。

七、做学校做不了的事儿

学校教育更多地关注共性，家庭教育能更好地关注个性。

引导孩子热爱学校

送孩子到学校，就要引导孩子热爱学校。我读小学时，村小在一所祠堂里，教室里面放着一些棺材，我很怕。我母亲说："学校好啊，以后有官有才。"我母亲目不识丁，朴素的话却显出教育的艺术。陈杳与陈杲上学时，瑞安实验小学正好改建，两年中都在简易房里上课，下了雨地上很久都积水。我说："不用走楼梯，还可以玩玩水，这学校多好。"

有些家长在孩子上学前喜欢说，学校很好，老师都很有水平，在学校学习很快乐。我觉得，这样的话不妥。两个孩子上学前，我说："学习是一件很困难的事，在学校会碰到很多委屈的事，有志气的人就能克服困难。"后来，两个孩子说："学校也没有什么委屈嘛。"我就表扬他们能力强。偶然碰到老师的不当言行，或者遇到伤心事，我常说："学校正如社会一样，本身就是有问题的，关键看你如何适应。"因为事先有思想准备，他们都能理性应对。

配合学校课程教学

许多家长喜欢任意给孩子加作业，这很不妥。作业并不是越多就越好。肚子饿了，两个馒头就能吃饱，这两个就是恰当的量。希望身体长得结实点儿，每餐给孩子加餐，吃三个、五个馒头，反而会伤了身体。

家长给孩子加作业，几乎没有孩子会喜欢。孩子即使不抵抗，迟早也会形成慢腾腾做作业的坏习惯，因为如果作业做得快了，家长还会加一些。孩子是很聪明的，用慢腾腾写作业来对付是最好的办法。这样，反而不利于课程教学。

配合课程教学，有时也需要做些补救。比如，孩子学习进度跟不上了，或者哪个知识点学不懂了，如果没有及时补救，就可能引发学习的基础问题。当然，大部分时候，需要的是远期铺垫。

语文课程的家庭教育，最要紧的是三点。一是说的能力培养。引导孩子多说，说得多了，语句会越来越生动，逻辑性就会越来越强。二是阅读的积累。幼儿期就应该开始绘本阅读，有的孩子小学前就可开始阅读有拼音的书。小学应该适量阅读，一个月读一至三本书，大体上还是可行的。读中学后学业负担会重些，也不能放弃适量阅读。缺乏阅读积累，要学好语文，是相当困难的。三是为写作准备素材。作文怕的是没有什么内容可写。带孩子出去活动，引导孩子在家做些探究，体验多了，自然不怕没内容写。

数学课程的家庭教育，可从数字与空间思维的角度入手。幼儿期，通过游戏，数数的引导是相当必要的。蔡笑晚先生让孩子扇煤炉，从 1 数到 1000，再从 1000 数到 1，既是游戏，又是数学。陈杳与陈昊在 2 岁多就开始数数。他们从小常玩用扑克算 24 点的游戏，锻炼了算的速度；也常玩魔方，锻炼了空间想象能力。

科学课程的家庭教育，应从鼓励探究开始。上学后，学校里限于条件，有些实验不能做，或者只能做演示实验。这时候，如果家长能让孩子对照课程做些实验，价值是很大的。还有，要让孩子多动手，拆拆旧电视机、旧手表、旧洗衣机之类。有些电视科普栏目，拍摄得相当精彩，找准节目让孩子看看，就会拓宽孩子的知识面，激发孩子探究的兴趣。

外语课程的家庭教育，主要是口语对话。如果具备语言环境，学语言本来是很简单的事。没有外语的环境，家长可找些口语视频，孩子若喜欢看，不知不觉中便可提高外语会话水平。好学的孩子，可超前学习背些单词。陈杳与陈杲大学毕业要出国读博士，都需要考 GRE，单词量要达到 12000 个。如果没有长期积累，都等到大学时突击学习，时间就会特别紧。

维护师道尊严

陈杳与陈杲上学后，很幸运碰到一批好老师。他们小学时的启蒙班主任王乐之老师，非常有亲和力。陈杳的小学高年级段的班主任周丽蓉老师特别关爱后进生，陈杳本身很有同情心，就对周老师刮目相看。陈杲读高中时的一天，体育课上不敢长跑，班主任苏香妹老师陪同陈杲跑，陈杲对苏老师钦佩不已。两个孩子的初中班主任都是娄胜文老师，娄老师是位有文学功底的老师，深深地影响了两个孩子的学习以及人格发展。娄老师曾赠送书籍给陈杲和陈杳，曾在博客上转发过陈杳的几篇文章，给了两个孩子不小的动力。

碰到好老师，是孩子的福气。但是，孩子长期与老师在一起，产生矛盾，甚至发生冲突也在所难免。这时，家长得维护老师威信，否则有可能影响师生关系，继而影响孩子的校园生活。陈杲读小学一年级时，美术课上因不会画而哭了起来，美术老师置之不理，结果他整整哭了一节课，全身被汗水浸湿。尽管美术老师有所失职，但为了维护老师的威信，我说："老师是考验你，看你像不像男子汉。"我觉得，家长怀着对教师的敬意，更利于孩子形成热爱学校的情感，也更利于孩子在学习上、人格上的健康生长。

做学校做不了的事

如果说，学校在学科教学上是强项的话，家庭教育在做人教育上可更有作为。孩子的习惯教育，仅靠学校教育是不够的。孩子的情商，也需要个性化的引导。学习方面，家长也有许多发挥的余地。陈杳与陈呆常与我谈论课本上的故事，我发现教材中许多故事都很有哲理，仅从知识或能力的角度分析，实在可惜。每当两个孩子与我讨论时，我会从伦理学、逻辑学、哲学等角度进行分析，无形中锻炼了他们的思辨能力和价值观。

我国学校普遍是大班额，教师很难照顾到全体学生，有很多个性的事需要家长来引导。两个孩子读中学时，瑞安学校的英语教学在口语方面总体不强，如果也顺其自然，英语口语会影响他们的发展。我寻访到以口语教学见长的名师吴志老师，陈呆从高一开始，陈杳从初二开始，跟吴老师练习口语。每周一次课，学习了两年时间，两个孩子的英语口语水平提升很快。他们读大学后，都说在吴老师那里的学习"太重要了"。

当前，孩子的体质问题相当突出。学校也都加强了体育，按标准开设体育课，增加大课间活动、课外活动等。但是，学校受场地限制，还有雨天、空气污染和学校安全的责任，这些都影响了学生的运动量。总体而言，健身，仅靠学校是远远不够的。

身体健康这样的大事，如果家长都放手不管，这无论如何是失职。如果是语文、外语，家长还可找自己不懂的理由，而健身问题，只需要投入时间，怎能都推给老师？

掌握孩子生长的主动权

许多家长把教育责任完全"托付"给学校老师，对孩子不闻不问。

不管自己的事业如何发达，就家庭教育来说，这都是不称职的。孩子的生长，主动权应该在家长这里。家长放弃了孩子生长的主动权，孩子就很容易变得随波逐流。

我的外甥彬读初中时有段时间不喜欢英语。我陪他背单词，鼓励他树立信心后，请我妻子的姐姐和我曾经的学生周海鸥老师专门为外甥彬补了近一年的英语。经过一对一的辅导，效果很好。彬后来能考上瑞安中学，两位老师功不可没。如果没有我的及时介入，彬的英语就会成为一个坎。

陈杲读初中时，有段时间说害怕学校，原因是做操时同学们在楼梯上跑得很快，好几次差点儿被撞倒。我与班主任沟通后，娄老师把陈杲安排在教室里做操。陈杳有段时间不喜欢数学，原因是她解出了一道班里其他人解不出来的数学题，结果数学老师一连问了好几次："是不是与你弟弟一起做的？"陈杳觉得老师瞧不起她。后来，我与陈杳谈心，解开了她的心结。诸如此类的小事看似并不重要，如果听之任之，则会造成消极影响。

蔡笑晚先生重视早期教育，他的孩子们幼儿时就表现出色。他希望孩子早点儿上学，当时学校都不同意。他没有坐等，而是想方设法实现目标。例如，老大蔡天文想早点儿读初中，当时理想的中学不同意，就先转学到其他学校，读一年后再转回来。初三时，学校分快慢班，蔡天文被分到慢班，蔡先生又选择了转学。小女儿蔡天西四岁上小学，名校都不收，就到相对薄弱的学校就读，三年级时以优异成绩转学到瑞安实验小学；读到五年级时再跳级，施教区的名校坚决不收，蔡天西就到相对薄弱的中学就读。如果蔡先生当时被动应对，蔡家的孩子也许就不会有现在这么大的成就。

第五章

简单实用的家教妙法

一、环境熏陶法

环境熏陶法，指通过选择或有意创设积极向上的环境，让孩子在耳濡目染中受到影响的教育方法。

优化家庭小环境

社会大环境既有正面的因素，也有负面的因素。孩子接触积极因素多了，消极因素就缺少空间。家长没办法改变社会大环境，但完全可以通过合理选择，优化家庭小环境，让孩子感受更多的积极因素，减少消极因素的影响。

打个比方，人需要穿衣裳，不管外边的环境如何变化，通过衣裳的调节，可使身体处于恰当温暖的小环境中。重视家庭小环境的优化，正如给孩子的心灵穿上衣裳。

展示图片，是营造家庭文化氛围的好办法。幼儿期以科学、艺术、人文、运动类内容为佳，涉及面要广一些；随着孩子长大，家长要根据孩子的理想，有意识地选择一些孩子喜欢的、激励人心的内容。陈杳与陈杲幼儿时，我在书房、卧室的墙壁，贴满写着拼音、英语的图片。两个孩子上学后，我在墙壁上贴一些科学家的图片、名人名言，营造出浓厚的科学、人文氛围。

我希望两个孩子长大后做读书人，所以特别营造家庭的"书香味"。

我常带他们逛书店，家里书架上总是摆满两个孩子喜欢的书籍，不断地吸引他们好奇的眼光。书香家园，无形中给了两个孩子学习的激励。一次，我带陈杳到朋友家玩，朋友家面积很大，装修豪华，陈杳有点儿羡慕。回来后，我开玩笑说："要不爸爸跟他们商量一下，将房子交换了？"陈杳说"不行"，原因是"他们家的书太少"。

身教重于言教

我父母都没上过学，可他们的勤劳、善良深深影响了我。

我父母长期在农田干活，母亲干活的劲头一点不输于男人。农忙季节过后，我父亲做泥砖，手脚开裂了，用药膏涂一下，照样干活。20 世纪六七十年代，我生活的农村，要到井里挑水，要挑着谷去米厂加工，煮饭要用稻草烧，还要烧猪食，我父母好像从来没有闲着的时候。就教育而言，我父母看似没有做什么，可教育已经发生了，算得上是无痕的教育。

常有家长问我："怎样让孩子喜欢看书？"我认为身教是第一位的。如果家长工作之余，从来都不看书，希望孩子多看书，相对就难。家长当然需要娱乐与休闲，但家长负有教育孩子的责任，更应该把自己对生活或事业的追求展示在孩子面前，不然，很容易消磨孩子的志向。

我家搬到瑞安市区时，我正好转岗位到教育局办公室，常常要写领导讲稿、工作总结之类，所以在陈杳与陈杲眼里，"爸爸是作家"。2001年，我到瑞安市安阳实验小学任职，工作相当繁忙，我平时在家还坚持阅读，并开始撰写专著。2004 年，我的作文专著《新理念作文》出版。2005 年，我的教育专著《尊重教育新理念》出版。改稿、校对时，我都有意让两个孩子参与。出版这些专著，收获的不只是学术价值，更是向两个孩子传递父辈的追求。

榜样引领

陈杳与陈杲小时，我家里有我的外甥彬、外甥女洁、侄儿浩、侄女智。彬评上浙江省青少年英才，考了上海交通大学的研究生；洁考上艺术师范学校；浩到英国留学；智考上瑞安中学……这些喜事，对两个孩子来说，都树立了好学的榜样。

在伙伴中找榜样，要注意让孩子感受榜样的成功和背后的付出，并使他们感到通过自己的努力是可以达到的。如果不管怎么努力都不可能达到榜样的标准，就有可能使孩子自卑，反而不利于励志。陈杲跳级后，在小圈子里就有了小名声。常有亲戚、朋友的孩子与陈杲碰面，家长当面说自己的孩子："你看你看，人家都跳级几年，你连作业都不认真做。"这样的说法，不仅不能树立榜样，还容易影响孩子的自尊。

孩子往往会追星。我反对两个孩子追演艺界、体育界的明星。当前的明星，娱乐色彩太浓，有的明星道德修养都存在问题，孩子喜欢某个明星，这些负面的东西会不知不觉地影响孩子。我有意识地引导陈杳与陈杲在历史名人中找榜样。历史上已经有了定论的名人，是最保险的。两个孩子小时的名人榜样是爱因斯坦，我看到爱因斯坦的传记书都会买。爱因斯坦儿童时期的故事，对两个孩子产生了较大的激励作用。

关注孩子的同伴群体

同伴群体对孩子的影响不可低估。幼儿期，对习惯影响最大。如果同伴中有人习惯极差，这些坏习惯是会慢慢"传染"的。青春期，对志向、性格影响最大，孩子的群体会形成一定的价值观。在这个群体里，观念不同者就是另类。另类是很难受的角色，迟早会蜕变。近朱者赤，近墨者黑，对同伴群体相互影响而言，没有一点儿夸张。

人有群居特性，在孩子长大的过程中，会不断地选择好朋友圈子。如何选择，选择谁做朋友，家长绝对不能放任，时不时地关心孩子到底跟谁玩，并做适当引导，是避免孩子走弯路的家庭教育责任。

陈杳与陈呆婴幼儿时，交往的小圈子，也就是家人。上小学后，特别是陈呆跳级后，两个孩子才开始真正意义上的与同学交往。我鼓励两个孩子与同学们多交往，但也总是多个心眼儿，若发现同学中有特别缺乏教养者，我就会及时引导，避免孩子受到不良影响。

陈杳读小学时，有个同学很想与她交朋友。从与陈杳谈话中，我发现这个同学有相当严重的不文明言行。我就引导陈杳疏远不适合长期交往的同学。陈杳读中学期间，交往的同学个个都非常好学，性格也很上进，我就很宽松地对待她们的交往。

陈呆在初中时交了位好朋友叫周文彬，经常为陈呆背书包，两人一直互相鼓励。初中毕业时，两人都升入瑞安中学。人也是互相影响的，周文彬后来考上浙江农林大学，大学中发奋学习，毕业时考上了浙江大学的研究生。

陈呆读大学时才 14 岁，正值青春期，我很关注陈呆的同伴。在大学，同寝室的群体影响是最要紧的。我与班主任黄松筠老师商量，后来黄老师特别把年纪差不多的四个人安排在一个寝室里。四个同学互相鼓励，一直到大学毕业，四人全部读了博士。

增强对不良环境的免疫力

孩子生长过程中，不可避免地会留下环境的印记。年幼的孩子因缺乏判断力，还是远离"污染源"好。到一定年龄，当孩子初步具有判断力时，才可逐步放手。

陈杳与陈呆小时，我常有朋友间聚会，如果感觉有可能会乱喝酒、乱说话的，不管朋友怎么热情，我都不会带两个孩子参加。大人的场合，以娱乐为主，孩子的生长世界里，还是纯洁些好。

孩子的"污染源"，最严重的是网络上的垃圾信息。社会上如发生有悖于常理的事件，会受到社会舆论的谴责；报纸上也会有垃圾信息，但总体上还有编辑把关；而网络，不仅有"垃圾"，更充斥着"毒品"。

在没办法杜绝"污染"环境的情况下，如何增强孩子的"免疫力"，是教育者的责任。每当两个孩子接触到消极因素时，我都主动引导，两个孩子自然会对假、恶、丑产生厌恶感。当两个孩子具备辨别能力时，消极的因素也就变成了反面教材，这样，坏事也常常就变成好事。

二、情境感染法

情境感染法，指有意选择或者创设易于触动孩子心灵的情境，引发孩子积极的心理体验，促进其提升修养的教育方法。

创造教育情境

教育因人、因事、因场景而异。同样的事情，在有的场合很平常，在另一些场合就很感人；同样的场景，一些人感觉索然无味，另一些人可能心潮澎湃。找对了场合，创设了情境，教育就可能事半功倍；如果场景不适合，只凭干巴巴的说教，本来很好的事，有可能因说多了反而令人生厌。

我曾多次带陈杳与陈杲去飞云江码头玩儿。有一次，看到渡船，我讲起了我初中毕业后读平阳师范学校时的故事。当时，我从家里到平阳要花一天时间，要在飞云江码头坐渡船。有一次坐渡船时，我不小心把雨伞掉到了江里，感到很痛心，差一点儿要跳下去拿。由此展开，我谈到当时的学校生活：我把助学金和家里给的钱大部分用来买书，晚上肚子很饿，卖馒头的人都到寝室里叫卖，同学们吃馒头的香味很诱人，可我舍不得买一个馒头吃。我说："现在爸爸吃大鱼大肉都不香，却常常在夜里梦到吃馒头，什么时候，写篇《馒头飘香》的文章，也许是篇很感人的散文。"两个孩子听了有所触动。这件事，如果在家里讲，效果就不一定好。

2006 年国庆节期间，瑞安中学举行 110 年校庆。这样的好事怎能放过？我自然带两个孩子到瑞安中学玩儿。在学校操场上，陈杲问："爸爸以前怎么不读瑞安中学？"我说了与瑞安中学擦肩而过的事："爸爸从小读书成绩很好，也考上了瑞安中学，但为了减轻家里的经济负担，选择了每月有 18 元助学金的师范学校。如果读瑞安中学，考重点大学肯定不成问题，这真是遗憾啊！人生总有许多遗憾！"两个孩子回来后，向我母亲问了过去的一些情况，不时为过去的贫困生活而唏嘘，变得更加懂事了。

利用节日创设教育情境

妇女节，为妈妈做件好事；清明节，表达对先辈的怀念；儿童节，快快乐乐过一天；中秋节，赏月；国庆节，讲讲"国家兴亡，匹夫有责"的故事。在这些特别的日子里，相对容易创设有意义的教育情境。因我父母的影响，我家对传统节日很在乎。立春时，喝叫作"春茶"的粥；春节时，送祝福，说吉祥话；二月二，吃芥菜饭；清明节，吃清明饼；端午节，吃粽子，碰鸡蛋；七月七，吃叫作"巧食"的米饼。这些都给陈杳与陈杲创设了节日喜庆的情境。

相对而言，我家在端午节、中秋节与除夕年夜饭，带有更多的教育情境。尤其是年夜饭，颇有点儿文化味。陈杳与陈杲幼儿期时，我们基本上都用传统的红色高脚盘装菜。后来因高脚盘不好保管，改用普通的菜盘，但都保持10个菜不变，寓意"十全十美"。年夜饭时，酒、饮料都齐全。我会让两个孩子说说我父母一年来的辛苦，然后向爷爷奶奶敬酒；说说我们夫妻一年来的付出，然后向爸爸妈妈敬酒；互相说对方一年来的进步和成绩，互敬饮料；两个孩子谈自己的新年愿望，大人为他们送上祝福。感恩是需要表达的，如果长期不说感恩的话，内心的感恩之情往往也会淡化。在特别的情境中，让两个孩子说出内心的感恩话，这是我特意的安排。

两个孩子更喜欢的节日，要数生日。我不提倡花很多钱的形式，但每次氛围都是很温馨的。主要是吃蛋糕，一家人唱生日祝福歌。对孩子来说，一家人一起唱歌，就是一种特别的情境。两个孩子对自己生日和家人的生日，都记得清清楚楚，提早好长时间就念叨。有一次，陈杲在家，陈杳在外，生日那天，我们在家吃蛋糕，通过视频与陈杳一起唱生日祝福歌。

利用生活事件创设教育情境

一些特别的社会事件，经媒体报道后，会营造强烈的情境氛围，这时候就有了特别的教育契机。如2008年汶川地震时，在相当长的时间里，陈杳与陈杲都沉浸于悲痛中。我所在的学校当时也组织捐款，场面感人。我向两个孩子描述了当时的情景："爸爸本来想讲几句话，可惜没讲。"两个孩子问我，如果上台会讲什么，我说，我当时想说的也许是历史上最简短的演讲词："孩子们：天道不义，人间有情，爱心无价，人性永存！"两个孩子听后，感动不已。我又借机与两个孩子讨论发生在灾区的感人故事，并选择几篇抗震救灾的文章放在我的博客上。这些故事都深深触动了两个孩子的心灵。

两个孩子对社会上的事件关注较多，小的如瑞安市区发生的感人故事、恶性事件，大的如"神舟"飞船上天、奥运会、世博会等，都在两个孩子的心中留下了深刻的印记。例如，2008 年奥运会在北京举办，当年，陈杲考上中国科学技术大学，陈杳顺利升学到瑞安中学，8 月 8 日奥运会开幕式那天，恰好是我的侄儿浩坐飞机去英国留学的日子，家事、国事连在一起，那种情境，很让人动容。

情境教育贵在共鸣

情境教育，关键在于"情"。借景抒情，托物寄情，情景交融，才会感人至深。尤其是，要寻求心灵与心灵的碰撞与共鸣。

陈杲读大学时，我多次带陈杳去中国科学技术大学。中国科学技术大学校园特别的情境，很容易引发立志好学的共鸣。去得多了，陈杳与中国科学技术大学的几位教授都熟悉了，受到很大激励。少年班学院原副院长张鹏飞教授是物理专业高手，好几次与陈杳就物理学习进行对话，这坚定了陈杳当科学家的理想。

2012 年暑假，陈杳正读大二，在深圳做国际遗传工程机器设计竞赛项目，陈杲大学毕业将赴美国读博士。孩子生日前几天，我们一家在深圳会合，选了一家海鲜店，庆祝了一番。陈杳与陈杲回忆过去，畅想未来。这特定的情境就产生了共鸣。

陈杲选择生日那天出国，我陪陈杲去美国。到了美国机场，因时差原因，还是他生日的日期，我再次祝陈杲生日快乐。

机场到学校需要三个小时车程，我们叫了一辆出租车。开了大约半个小时，还只是下午 4 点钟，天色却暗了下来，如同夜晚。一会儿，下起了大雨，路上一片汪洋，出租车似乎在浮动。突然，下起了冰雹，鸡蛋大小的冰雹打在出租车上。司机惊慌地叫起来，我们也受到惊吓。过了 10 分钟，冰雹停了，尽管雨仍然很大，我们也放心了些，不禁谈起过去的事：陈杳与陈杲出生半个月时，碰到了 17 号台风；陈杲去中国科学技术大学报到当天，碰到大雨。我对陈杲说："在你的生日，到美国的第一天，老天爷送了这么多'鸡蛋'表示心意，预示着你将会有重大成就。"在特定的情境下，陈杲很感动，也增强了学习动力。

以情启智

教育是塑造心灵的艺术。有句很流行的名言："教育，意味着一棵树摇动另一棵树，一朵云推动另一朵云，一个灵魂唤醒另一个灵魂。"情境感染，可以更好地帮助家长走进孩子的心灵。但是，走进了心灵，并不意味着教育。若能给以智慧的启迪，才能达到塑造心灵的目的。

陈杳读初中时，第一学期期中考试刚过，她到我办公室时心情不好，说自己考得不理想。晚餐后，我拉上陈杳在校园里散步。校园很美，一步一景，秋高气爽。可陈杳情绪不好，对我说些考试题目，我做些安慰。

忽然，我们听到校园棕榈树丛中传来蝉鸣声。在夜色苍茫、静谧的校园里，显得十分清脆响亮。陈杳说，这声音有点儿像体育老师的哨子声。一会儿，蝉鸣声响成一片。

陈杳刚看过《昆虫记》，说蝉的一生要在地下生活四年，钻出地面后只能活五个星期左右。我不了解这些事，表扬陈杳知识面广。

忽然，陈杳说："蝉就要死了，叫也白叫，还是死路一条。"

我说："蝉不叫也要死，为什么不叫？"

陈杳说："叫着，也没有什么价值，不如不叫。"

我说："怎么没有价值？它叫着，让一对父女听到了，多了些话题，也许还能给人以启发。蝉若不叫同样会死，与其默默地死，不如好好地把握，尽管生命短暂，不也很悲壮吗？"

于是，我们聊起了古人借物抒情、托物寄情的事。

后来，陈杳写了篇《秋夜听蝉》，其中写道："蝉的一生要在暗无天日的地下生活四年，而钻出地面后只能活五个星期左右，我肃然起敬，蝉的欢乐时光竟是如此短暂，但它却把握住有限的时间，唱出生命的最强音。我想起了爸爸的话：'人生短暂，我们不应该再将有限的时间用于悲伤！'我忽然醒悟，我得抓紧时间学习。"劝慰孩子"不应该再将有限的时间用于悲伤"，单凭说教不一定就有成效，而当置身于特别的情境时，就容易启智。

三、多元评价法

多元评价法，指通过对孩子综合素养的各个维度进行评价，以激励自信、克服缺点的教育方法。

多元评价孩子的闪光点

每个孩子都有精彩的一面，也有幼稚、不足甚至可笑、可恼的一面，家庭评价重在激励。

对幼儿的评价，可以夸张些，如"真聪明、太棒了、真漂亮"，孩子会感到高兴，对表扬的人会多一些亲近感。但是，夸张的评价，毕竟不客观。特别是上学后，孩子发现自己在群体中并不棒，并不漂亮时，有可能产生被欺骗感甚至挫败感。因此，对孩子的评价，越早从多元的角度评价越好。多元评价的优点是客观。

健康、性格、习惯、情商、知识、能力、游戏、探究、立志、规则、价值观和幸福感，各个角度都可切入。这些素养还可以细化。例如，习惯可细化为生活习惯、学习习惯、做人习惯等；还可进一步细化，如学习习惯，可以分听、说、读、写等，还可分为预习、上课、作业等习惯。如此层层细化之后，评价的面就广了。"你喜欢探究这个问题是相当不容易的""你自控能力比较强""你今天作业的字明显有进步"……这些评价，更有针对性。

陈杳与陈呆难免会考试成绩不佳，我一般会说，"你思维不错，只是记忆的时间还不够""你没考好都没有特别难过，心态真好，不过，要努力哦"。这样的评价，孩子乐于接受。我的评价大多以鼓励为主，即使孩子犯了错，我也常在批评的同时，肯定孩子的优点。记得两个孩子一次吵架时，把房门弄出很大声响，"风平浪静"之后，我说："吵架之后能马上和好，说明你们很重情义……只是，关门没必要弄出那么大声响吧？"孩子说："生气时控制不住。"我说："能控制情绪就是高情商。"几天后，两个孩子又吵架了，发出的声响明显减弱。我说："才这么几天，你们的情商就提高了，真不错！"

客观评价孩子的缺点

以表扬为主，不是说要忽视缺点。社会不良风气、人性的某些丑陋本性，这些邪恶的"病毒"，会不知不觉地侵袭孩子的心灵。家长得有一双慧眼，发挥"啄木鸟"的作用。孩子小时很容易暴露缺点，这时候也容易纠正，若忽视或纵容，等孩子稍大些学会掩饰缺点后，就相对被动了。

只是，对孩子的缺点，家长要避免片面认识，更不能贸然定性。有一次，一位家长很苦恼地向我诉说："孩子偷了同学的玩具，还撒谎，这下完了。"我分析，这固然有孩子"贪"的因素，不过，很有可能与孩子在家什么东西都可以随便拿的习惯有关。看到同学的玩具就忍不住拿来玩，被人发现后，因害怕而说谎，这也是儿童正常的心理。这时候，评价孩子"错拿他人的东西"，是比较理性的，不宜想当然地评价为"偷"。当然，如果屡教不改，那就另当别论。

即使孩子犯了大错，也应该看到犯错时表现出的进步的一面，或者犯错后的改进态度。特别要对错误进行多角度分析。有时，一个缺点背后有三五个原因，这时候家长就要恰当选择，针对孩子能接受的、有可能改进的方面，给予强化评价；凡孩子一时难以改进的，要么提醒孩子慢慢改，要么干脆"难得糊涂"，待时机成熟后再评价。

引导孩子多角度评价他人与自我

孩子的思维不成熟，看到某人的优缺点，往往全面肯定或否定这个人。引导孩子客观对待他人的优点和缺点，既可培养辩证思维能力，也有利于更好地与人交往。陈杳与陈杲很喜欢爱因斯坦，我曾问，难道爱因斯坦就没有缺点吗？陈杳说："爱因斯坦对他妻子不好。"一次，两个孩子发现一位客人"会说谎"，就说"这个叔叔是坏人"，我引导他们多角度分析，两个孩子发现："这位叔叔的优点比缺点多。"

两个孩子从小与我的外甥彬、外甥女洁、侄儿浩、侄女智生活在一起。两个孩子曾问我，自己在家里六个孩子中排名第几，我说，不好排队，各有优缺点：陈杲最聪明，彬最会创新，浩最懂事，洁特长最好，智学习最认真，陈杳最有志气。

两个孩子常与我讨论一些同学的表现，在说同学优点时，我表现出欣赏的态度；当评论同学缺点时，我会顺着孩子的思路，分析这些"缺点"存在的原因，然后引导孩子，说说这些同学也有优点。在多角度评价他人形成习惯后，孩子会不知不觉会多角度评价自我。

孩子一旦学会了多角度评价自我，会显得更大度。陈杲读幼儿园时，跳绳的动作不协调，自我评价"我跳绳不好，数学最厉害"。两个孩子唱歌技能很一般，他们也都能客观评价，"看来我们不是唱歌的料"。一次我开玩笑说："陈杳陈杲在家里唱歌，爸爸在办公室都有感应，会头晕。"两个孩子非但不难过，还与我一起幽默对话。

努力取向与能力取向并用

能力取向评价，将孩子的得失归因为能力，强调客观因素。而努力取向评价，将孩子的得失归因为勤奋程度，强调主观因素。我更倾向于努力取向评价，在取得成绩时，让孩子归因为通过努力得来，他们会更有成就感。当碰到挫折时，让孩子分析，是因为不努力了而出现问题，孩子可能更容易以努力改变现状。

我曾在学校管理中，设计了学生"星卡"评价，学生各方面努力了，都可获得"努力卡"，十张"努力卡"换一张"红星卡"。"努力卡"评价的突出优点就是努力取向评价。这些评价理念同样可以应用到家庭教育中。

陈杲从小对数学有浓厚兴趣，读小学后又跳级，一直是人们心目中的聪明孩子。陈杳从小特别有主见，创新意识很强，我也肯定她与众不同的聪明。大部分时候，我都用努力取向评价。我曾和陈杳与陈杲讨论，聪明的孩子如果不勤奋，就会变得平庸，古代有仲永的故事；勤奋的人，即使走了弯路，也可成大才，如大器晚成的齐白石。

好的评价，要基于孩子努力的真实情况。孩子的表现是综合的，不同时期，孩子综合素养的表现形式都会不一样。前天，幸福感特别强，可探究精神不够；昨天，学习很认真，可价值观有偏差。对同一件事，思维上可能偏激，行为上可能对人有伤害，但出发点可能是善良的。家长宜从多个视角进行观察，发现各种努力的表现，动态地给予评价。这些基于真实情况的评价，教育的针对性也就更强，孩子也可在很轻松的氛围中得到赏识。

设计富有童趣的评价载体

评价无处不在，家长对孩子说几句话，就是评价。但是，对孩子的评价，最好有个评价载体。幼儿园、小学低段老师，喜欢用"小红花"来评价孩子，我想出的学生"星卡"评价，这些都是评价载体。

陈杳与陈昊2岁开始，我想出了"100个好"评价。孩子表现好，加"好"；表现不好，减"好"；加减多少个"好"，与孩子商量而定；达到100个"好"的，可以提一项合理需求，两个孩子共享。"100个好"的评价持续了8年左右。

这种评价好操作，很灵活。一次，陈杳想吃炸鸡，表现特别突出而很快获得87个"好"。一天，我母亲感冒了，我示意妻子悄悄叫陈杳为奶奶倒开水。之后，我大为表扬，问陈杳应该加几个"好"，陈杳说加两个"好"。我说，孝顺长辈很可贵，而且是主动做，加10个"好"。晚上陈杳对我说，是妈妈叫她倒开水的，不是自己主动做的，应该少加几个"好"。我表扬陈杳说，诚实比倒开水更可贵，再加3个"好"。这下陈杳达到了100个"好"。第二天，我们一家人去了餐馆。

"100个好"评价，是我精心设计的家庭评价载体。

第一，它是多元评价，涉及孩子素养诸方面。第二，有奖有罚，而且以精神奖罚为主。第三，民主，与孩子商量加减几个"好"。教育的最佳形态是自我教育，"100个好"评价能引导孩子从他律走向自律。第四，随时可进行评价，富有童趣，带有游戏味。第五，一个孩子达到100

个"好"，两人奖励都有份，既有竞争又有合作。评价的副作用是，往往会强化孩子的功利心或者导致恶意竞争，而我特意设计的奖励成果分享，尽量避免了两个孩子之间的竞争。

四、奖惩并用法

奖惩并用法，是指对孩子的品德和行为做出倾向性评价时，给予奖励或者惩罚等强化刺激，以引导其品行积极发展的教育方法。

尽可能多地表扬孩子

孩子表现出好思想、好行为，某个方面取得进步时，家长就要及时给予称赞、欣赏与肯定。表扬形式多样，可以口头表扬，可以点头微笑、鼓掌表扬，也可以书面形式表扬，如写信、在孩子网络空间留言、发手机短信等。

陈杳与陈杲小时，我随时、随地进行表扬。微笑点头是我最基本的表扬方式。两个孩子喜欢向我汇报近期的情况，每当有闪光点时我就给予表扬，表现特别好时我会鼓掌。我出差时，两个孩子常打电话汇报，我都很乐意倾听并适时给予表扬。两个孩子配备手机后，我常以短信形式表扬。一次，陈杲跟我到饭馆吃饭，他主动点菜，我给妻子发了短信："杲儿阳光自信，踌躇满志，今非昔比，现以鲈鱼慰劳。"并让陈杲"无意中"看到。

两个孩子表现好，我还会竖起大拇指。孩子没看到时，我会竖着大拇指，问："看看这是什么？"陈杳常常会高兴地亲一下我的大拇指。碰到特别的好事，我用大拇指做些"跳舞"的动作，或者在大拇指上画个笑脸，或者用两个大拇指。在两个孩子眼里，这是高级荣誉。

我也喜欢对学生用大拇指，曾有媒体报道我为"爱竖大拇指的校长"。2006年，《温州都市报》记者采访我，要配发一张我竖大拇指表扬学生的相片。我到了陈杳的班级，与学生对话，由摄影记者抓拍。报道出来时，居然是我用大拇指表扬陈杳的镜头，我正面竖大拇指，陈杳出现后背身。这相片完全是无意的巧合，陈杳看到后，高兴了很久。后来《中国教育报》《人民教育》报道我时，我都给了这张相片，给陈杳以惊喜。

批评要与表扬相结合

教育需要表扬，而批评同样不可缺少。批评时，要弄清原委，不能主观臆断而感情用事；应就事论事，不能算旧账。家长若说了过头话，或者总是喜欢新账旧账一起算，孩子会不服气，还可能伤孩子自尊。

不管何种方式的批评，都应该与表扬相结合。可以表扬孩子犯错误的过程中、犯错误前后的闪光点。例如，孩子调皮打碎了花瓶，如果是因为好奇心而打碎的，可以表扬"喜欢搞研究的孩子有出息"；打碎后马上捡碎片的，或者哭了的，都可表扬孩子能自觉认识到错误。也可以表扬孩子其他方面的优点，如打碎花瓶后，表扬孩子昨天某事脾气好、前天看书特别认真之类。孩子听到表扬后，对批评也就容易接受。

一次，陈杳考试成绩没达到我定的底线。我让她自己分析原因，再根据她的分析思路，批评她自己总结的"这段时间老是偷懒"。批评中，陈杳掉泪了。第二天，我觉得陈杳已有足够的情绪体验，就说："从掉泪看，你是很上进的，上进的孩子绝对有出息。"陈杳说："我会进步吗？"我说："学习正如长跑，中途摔了跟头，你说怎么办？"陈杳重重地握了下我的手，表示会努力。

表扬与批评有技巧。其一，表扬要多，批评要少。批评太多，会打击自信心，而且孩子也有可能变得麻木。其二，表扬可模糊，批评则要明明白白。批评时，孩子的天性会反感，只有具体明白，才可让孩子口服心服。其三，当众表扬，私下批评。当众批评会伤害自尊心。

奖励重在给孩子荣誉感

孩子有了优秀品行，当然可以给予奖励。奖励不一定都需要物质因素，精神奖励更胜一筹。孩子小时都会依恋家长，家长可从情感上给予奖励，如拥抱、握手。奖励的目的是强化孩子的荣誉感，让孩子感受到，只有最优秀的人才可以获得奖励。孩子一旦懂得爱惜荣誉，家长的奖励就会产生长远的激励。

我不太看重物质奖励，除非孩子的必需品。物质奖励有较大的副作用，如给买东西、给钱，都不好。尤其是诸如达到什么要求，就给什么物质奖励的约定，这是以"贿赂"的形式奖励孩子，很容易助长孩子的虚荣心与功利心。

有一次，有位家长对我说，自己曾说过"如果下次考试得100分，就给买钢琴"，想不到试卷很简单，孩子真的得了100分，"到底买不买？"我说，这次买了，下次准备买什么？更贵的东西？如果钢琴反正用得上，可以买；但如果肯定用不上，买了后长期空置，占地方不用说，还可能会让孩子感觉有"虚荣心"或者"负罪感"，还是不买好。不过如果不买，要与孩子沟通好，免得因食言而被孩子瞧不起。

我设计的"100个好"评价，既是多元评价的载体，又是很好的奖励措施。达到100个"好"的有资格提出自己的愿望，而成果由两个孩子共享。当另一个孩子分享时，获奖的孩子会觉得自己做了好事，自然有更多的荣誉感。每当两个孩子有了什么特别的表现时，我会打电话给孩子的外公、外婆等。我会说孩子的表现，并让孩子对外公、外婆说，孩子感到很快乐。有时，在家里庆祝，喝些牛奶什么的。平时也喝牛奶，而以奖励的形式喝牛奶，氛围不一样，就具有奖励的意义。客人来我家时，碰到老师时，都是强化荣誉感的好时机。每当我说陈杳或陈果某方面表现时，客人、老师当然会附和表扬一番，当着他人的面表扬，对孩子来说，是极大的荣誉，自然是最好的奖励。

慎用惩罚

孩子如果犯了大戒，惩罚教育是必要的。家庭是社会的缩影，家庭教育不严，有可能会使孩子面临更多风险。孩子假恶丑的品行比较严重时，没有惩罚将是不负责任的溺爱。

但是，惩罚要慎用，而且一定要讲民主，切忌武断、讲过头话。若在惩罚前听听孩子的意见，也许会发现，从孩子的角度看这个问题，这次惩罚可能是没有必要的。即使必须惩罚，也可让孩子选择接受惩罚的方式。当孩子决心改正错误并有一定的情绪体验时，家长要及时给予补偿性的赏识，并给予分析、引导。特别是，惩罚要有明确的目的，而且孩子通过努力是可以改正的。给予惩罚之后，周边的一切人都不应该给予通融，不能一边惩罚一边给予无原则的安慰。要通过惩罚让孩子明白，一旦做了这些大家生气、反对的事，就会丧失名誉，这样孩子才会明白犯错误的代价。

惩罚的艺术是，哪里犯了错，从哪里惩罚比较好。例如，孩子看电视犯了错误，就暂时不让看电视；孩子打球犯了错，就暂时不让打球；孩子做游戏犯了错，就暂时没收玩具。有时候，孩子犯了大错，家长惩罚不让孩子吃饭等，也并非不可，只是这样的惩罚程度相对较高。选择什么样的惩罚程度，是个艺术。惩罚是双刃剑，惩罚程度越高，震慑的力量越大，但副作用也越大。正如人生病后，并不是一下子用高等级的抗生素就好。

惩罚作为一种传统的教育方法，有其独特的教育价值。而体罚，则必须慎之又慎。罚站，让面壁，罚跪，打孩子，有伤身体健康的，都是体罚或变相体罚。总体而言，体罚是两败俱伤的行为，既伤孩子自尊，又伤害家长自己的情绪与威信。过多的体罚还会逼迫孩子走向叛逆，在武力威逼下，孩子不敢吭声，但这只是不敢明着反抗而已。当头顶上的高压不在了，孩子也许会变本加厉。当体罚起不到教育成效时，家长有可能无计可施。

奖惩时要让孩子多一些情绪体验

对孩子的奖惩，关键要有情绪体验。没有丰富的内心体验，奖惩的作用就会打折扣。当孩子犯错误时，一些家长就狠狠地骂，但当孩子刚流泪时，就舍不得了，过早给予安慰，如此一来，孩子也就不会有太多的情绪体验。

陈杳与陈杲幼儿时，不能观看指定电视节目外的内容。一次，两个孩子看完"蓝猫"动画片之后，还多看了一会儿电视，我发现后给予了批评，并与两个孩子商量，最后以"第二天不看'蓝猫'动画片"作为惩罚方式。那天，我让两个孩子坐在电视机前，电视不通电，他们看着"白板"想想哭哭。有了情绪体验，自然容易记住违规的事。

五、自主决定法

自主决定法，指凡事多与孩子商量，由孩子自己决定的教育方法。

让家里充满民主精神

孩子幼小时，家长就要讲道理。稍大些，凡事宜与孩子商量。在民主的家庭里，谁说得有道理就听谁的。当孩子的意见与大人相同时，要让孩子明白这是他们自己的主意；当意见与大人不同时，要通过讨论分析，帮助孩子正确选择，而不是强制孩子盲从。如果家长喜欢指手画脚，随意发出指令要孩子服从，孩子不能理解家长的意图，要么不服从，要么盲从，都具有危害性。

我家里有什么大事，如我家在瑞安市区买房子，我从瑞安市教育局调到瑞安市安阳实验小学，这样的大事，我都会和陈杳与陈杲商量。两个孩子自然不一定都懂，我也不是希望他们的意见有多大参考价值，只是把参与商量家庭大事作为家庭教育的事来做。两个孩子的想法大多很幼稚，常常令人忍俊不禁。但商量多了，他们也不时有些好主意。

大人的事都与两个孩子商量，他们吃不准的事，很自然地也喜欢与我商量。每当这时，我都会耐心倾听，提出建议供两个孩子参考。有时两个孩子遇事决定不下，除非很紧急，我一般也不会代替决定。对一些无关紧要的决定，我们常以"扔硬币"来选择。一次，陈杲想去超市，而我母亲建议不要去，陈杲决定不了，问我怎么办，我说"扔硬币"。扔了一次，面朝下："不去。"一会儿，陈杲还想去，我说，再加扔两次，结果两次都朝上，陈杲决定"去"。让孩子"扔硬币"，既是游戏，也传递"自己的事不能都听他人"的思想。

孩子的意见，并非都无道理。有时，初看起来，大人的意见比孩子的意见好，可顺着孩子的思路，其实也是有道理的。有一次，两个孩子游戏时打碎了玻璃瓶。我提醒两个孩子是否用扫帚、畚斗处理，两个孩子却不这么做，他们先小心地捡了大碎片，然后用正要废弃的橡皮泥把很细的碎末粘起，还玩得不亦乐乎。我也与他们一起玩，以表示欣赏。

学会利弊分析利于自主决定

世界是多维的，所以对人对事都应该有多维的分析。孩子小时，思维能力不足，往往出现非白即黑的认识。家长应引导孩子认识到，任何事情都有好的一面，也都会有不好的一面。常与孩子讨论，从多角度提醒，孩子的分析能力才会增强。

我引导陈杳与陈杲认识到，世界上只有利没有弊的事几乎是没有的，关键要学会选取更多利、更少弊的事来做。例如，吃水果，苹果、橘子、香蕉都有营养，也都有不利于身体的一面，但为什么要吃水果，因为利大于弊。为什么不只吃一样水果？是因为一样水果营养不全面，或者某种不利于身体的物质元素，或者某种水果会有农药污染，长期接触，就会影响身体。慢慢地，两个孩子逐步学会了利弊分析。例如，考试都考满分就是好事吗？不一定，可能会付出不必要的代价，也可能会引发同学的妒忌；再如当班干部，有利于锻炼胆量与能力，但常要做自己不喜欢的事。

陈杳报考南方科技大学后，我们分析弊端：1. 国家不承认学历，以后可能无法报考公务员得到事业编制；2. 如果正常高考，陈杳有可能上中国科学技术大学或者浙江大学，最起码能考上重点师范大学，而南方科技大学是新办的学校，存在风险。好处有：1. 提早一年上大学，以后读博士有年龄上的优势；2. 相比其他学校，新办的创新型大学拥有特别的资源；3. 没有国家认可的文凭的压力，更能激发破釜沉舟的学习毅力；4. 出国留学的机会相对多些。权衡利弊之后，才由陈杳做出选择。

给孩子更多选择的权利

孩子都希望自主决定自己的事，家长应该多给孩子选择的机会。有时需要给出几个方案，供孩子选择。哪怕只有一个方案，由孩子自己决定也是选择。例如，春天适宜带孩子外出游玩，直接带孩子外出也无妨，如果家长能问："天气这么好，许多小朋友都到外边玩，你去不去？"孩子说"去"，就是选择。如果说"不去"，也是选择，家长不宜强制，可以先给孩子讲道理，再让孩子选择："今天不去，明天去还是后天去？"

学会选择，是人的一种基本素养。敢不敢选择，是一种自信与胆略；能不能选择，是一种能力。其实，人生也就是选择的艺术，吃什么东西，穿什么衣服，长大了找工作、找对象，无处不是选择。希望孩子有主见，要从给予选择权开始。

我曾在学校教育中创新了"家庭自主教育评价表"，设计了安全保护、视力保护、生活自理、孝顺长辈、尊重他人、健身、阅读、探究、学艺、劳动等项目。孩子在家长的引导下制订计划，每月孩子自评，再由家长评价，到学校领取"家庭卡"。这个创新的精髓就是，宏观上由大人把握，微观上由孩子自己做主。如锻炼身体，孩子们自己设计的有"每个双休日打两个小时乒乓球""每天跳绳 15 分钟"等，只有选择了自己喜欢的健身方式，才能更好地坚持。如课外阅读，以往常常是家长要孩子看什么书，现在变为孩子自主设计阅读时间，自主选择阅读书目和阅读方式，体现了孩子的事由自己做主。这是我家庭教育经验在学校的推广。

自主决定更能培养责任心

孩子的生长充满变数，难免会出现这样那样的问题。如果凡事都由家长决定，出了问题后，孩子容易把责任推给家长。一些家长喜欢包办代替，或强制孩子做一些事，这不仅吃力不讨好，还很可能会使孩子形成不当的归因风格或埋怨他人的性格特点。自主决定会使孩子更努力，若出现困难，孩子也没有任何理由埋怨他人。

孩子人生的路要由他们自己走，这既是基本人权，也是基本责任。尽管孩子的生长要由家长帮扶，但仅仅是帮扶而已，不能以任何理由剥夺孩子的自主权。孩子婴儿时学走路，先得由大人扶着，会走路之后要尽快放手，这个道理谁都懂。孩子的人格发展、孩子的学习都像学走路一样，家长不能"扶"得过多。

凡事自主决定，使陈杳与陈呆形成了特别强的责任心。陈呆考上中国科学技术大学少年班时，才14岁，报到后就要参加军训，睡眠时间减少为7小时左右，再加上要接受运动强度较大的训练，有一定困难。因读少年班是他自己选择的，所以他也高兴地面对挑战。陈杳读南方科技大学后非常用功。2011年6月，南方科技大学经历了一些风波，教育行政部门与南方科技大学就学籍问题产生分歧，全国媒体热议后，南方科技大学出现了发展中的危机。在这样的环境下，陈杳都坦然面对，依然非常用功，不为外部环境影响。她说："只要学得真本事，怕什么？"这既表现出一种积极的心态，同时也体现出了一种对自己决定负责的责任心。

六、自主学习法

自主学习法，即孩子在大人引导下自学。

自学从探究、拓展学习开始

引导陈杳与陈呆探究，开始于幼儿期，要求稍低，更多带有游戏的色彩。探究与游戏的区别在于，以学习引导游戏，在游戏中多一些学习目的，多一些假设、联想、归类与推理，多一些反思、感悟。两个孩子探究的"课题"，涉及动物、植物、天文、地理、历史等。因为年幼，探究不可能取得"科学成果"，但不知不觉中，他们的知识面拓宽了，学习能力也获得了发展。

两个孩子的拓展学习从上学后开始，围绕一个主题，或到书店找书、杂志，或上网浏览，或请教老师。每当教材中有感兴趣的内容，两个孩子总是以拓展学习的方式，进行系统了解。我引导孩子拓展学习。例如，语文，重在培养听、说、读、写能力，我就引导孩子自由阅读、看报纸，不时听取孩子的"汇报"，这样就在无形中培养了孩子的识字量、阅读能力、分析能力和口头表达能力。数学方面，我引导孩子做智力游戏、看数学家故事。科学方面，我引导孩子观看科普电视节目、浏览科普网站、看科普书籍。

拓展学习也做习题，围绕自己感兴趣的内容，做一些相应练习。两个孩子购买了一些习题集，结合老师的教学进度自由选择。书店里有一些试卷集，两个孩子选择一些难题做做，总体学习效果不错。两个孩子都有整理错题的习惯，把平时做错的题目或者想了好久才想出来的题目，抄在专用本子上，不时看看。

小学开始自学效果最好

陈杲6岁时上小学。大约3个月后，我吃惊地发现一个大问题：陈杲的数学思维退步了。期末，我与陈杲商量，做出了大胆的决定：跳级。

陈杲直接从六年制的第二册跳到五年制的第四册。刚开始时，陈杲成绩不好，过了半个学期，成绩上来了。跳级后，陈杲不断受到老师、亲友的称赞，学习兴趣很浓。第四册读完后，又跳了一年直接读第七册。同样，成绩再次赶了上来。

两次跳级，我给他教科书让他自学，他不懂时我们夫妻帮助解疑。英语难自学，我请谢景如老师辅导了一段时间。等跟上同年级的功课后，我引导他将自学的习惯坚持了下来，抽空自学课外书。

跳级后，陈杲的作业能力不如同学，我怕陈杲接受同学检查作业会带来心理压力，就向老师要求，陈杲的作业不用交到小组内检查。老师赞同我的意见，陈杲的作业按自学进度，交由家长检查。不久，我发现陈杲作业质量较高，而且很自觉，我们没有时间管他，他也学得不错。于是，我们干脆放宽作业的要求，完全由陈杲自己决定做不做，做了也自己订正。

陈杲9岁上初中。在校用中餐时，个子小挤不过同学，等拿到饭菜时已迟了些，吃得又慢，见同学吃完了，又慌忙倒掉饭菜跟着同学走。我母亲唠叨不要让陈杲去读书，等陈杳读初中时一起读。经商量后，陈杲上午去学校，中餐回家吃，下午干脆在家自学。

陈杲在家学习很自觉，按课程表自学。如课程表上是语文，他就学习语文；课程表上是体育，他就跳绳、玩乒乓球。因尝试自学，陈杲的自学能力大大提高，学习效率特别高。

每学期开始后，陈杲总是很快地将全册教材自学完毕。读初二时，陈杲已经将初三的数学、科学学完。就算很难自学的英语，他也总是超前学习。超前学习让陈杲增加了自信，也提升了学习能力。

陈杲初三时，已经把高一的课程学完了。上高中后，也是下午在家自学。高一时，学了高二的课程；高二时，就把高三的课程全部自学完了。

初中开始自学也不迟

陈杳自学，从初中开始。

陈杳刚读初中时，学习压力明显增大。一次，晚上 10 点我才回家，发现陈杳还在做作业，我妻子在旁边陪着。我叫陈杳先睡觉，她不肯，将已做好的作业本、书本扔在地上，一边哭一边做未完成的作业。

我想这么苦学总不是办法，就引导陈杳大胆自学。从作业签免开始，与老师沟通后，老师同意经家长签字后作业可不做。我引导陈杳合理分配作业时间，如果哪一科作业多了些，就留着让我签字。在尝到少做作业的乐趣后，陈杳大胆尝试自学，主要是超前学习。刚开始时，成绩有所下降。那段时间，我也吃不准，但我还是引导陈杳坚持自学。我们商量，如果真的不行，不能太勉强，干脆早点儿转方向。

大约两个月后，陈杳的成绩慢慢上来了。第一学期期末考试，陈杳考了班级第 13 名，信心大增。第二个学期，陈杳在学习方法上有了改进，成绩明显进步，期中考试、期末考试都取得班级前 10 名。

陈杳读初二后，自学逐步成为习惯。她基本上能分清什么是重点、什么是难点。每个双休日，陈杳都自学下星期的内容，将下星期的一些配套题目先做好一些，成绩也开始拔尖。

寒假中，陈杳基本自学了初二下学期的课程。初二期末，陈杳已自学完初三的课程。陈杳参加中考模拟考试，成绩名列前茅。

陈杳读高一时，在初中阶段形成的自学能力开始显现优势。为了有更多的时间自学，陈杳没有参加早自修、晚自修，而是选择性地做些老师的作业，相对同龄人，学业负担比较轻。过了一段时间，陈杳感觉自学效率很高，就选择周一、周三、周五到校学习，周二、周四在家自学。

陈杳平时超前学习，积累了一些问题，上课时有时也在自学，等课间向老师提问，学习效率特别高。因没有读初三，化学知识点自学得不扎实，高一时化学学习出现困难。为此，我马上与陈杲的班主任苏香妹老师联系，后来苏老师与她的爱人张克龙老师专门抽时间给陈杳补了 10 多次课，陈杳很快就跟上了。

高一时因为不参加早自修、晚自修，按学校门卫制度，每天都要写请假条并要班主任签字，给老师增添了不少麻烦。高二开始，陈杳决定一周去学校，一周在家自学。

在家自学的大部分为高三的课程。陈杳每周将学习中的疑问进行整理，在学校学习的那一周，抓住时机向老师请教。陈杳说中午的学习效率特别高，同学们都回寝室午休了，她就在教室自学，这段时间正是请教老师的黄金时间。我们很感谢陈杳的老师，在午休时间常被陈杳打扰，还总是耐心解答问题。

我们夫妻俩都要上班。陈杳读高一时周二、周四在家自学，读高二时隔周在家自学，都是一个人在家。因为有远大的志向在，总体自控能力较强，陈杳把自己的学习与生活安排得井然有序。高二结束时，已自学完全部高中课程。

超前学习具有神奇魅力

蔡笑晚先生对超前学习很推崇，孩子们上学后，就与老师沟通不做部分作业。他的大儿子蔡天文为了报考少年班，用半年时间学完高中课程。二儿子蔡天武曾停课 4 个月在家学完高二下学期和高三全年的课程，考上中国科学技术大学少年班。五儿子蔡天君与小女儿蔡天西，小学毕业后仅用一个暑假时间，自学完初一课程，都马上跳级读初二。后来蔡天西高中也只读两年，考上中国科学技术大学少年班。蔡先生的经验："在自学过程中遇到重大难关或比较枯燥的基础部分不要怕，能啃多少就先啃多少，不能啃的就先搁置下来，大胆地向下冲刺，等学完下面的东西之后再回过头来解决它，可能就很容易了。"他说，要"找一位气概恢宏的人为导师"，指导孩子如何学习，"千万不能请一个两脚书橱来辅导，这种人虽然有很多知识与学问，却缺乏足够的气概胆略，经常会用常规思维方式来扼杀孩子的智慧火花"。

我读初中时，我父母托人从杭州邮购了《数理化自学丛书》，我自学后，数理化很快拔尖。我的专科学历，也是参加浙江省自学考试考来的。我个人的自学经历，加上蔡先生的经验，使我对超前学习情有独钟。我深切体会到，学习知识的目的在于培养能力，而能力需要在实践中形成。当孩子能自主学习时，其能力的发展将明显提速，自然更有利于超前学习，这样就进入良性循环。

陈杲的超前学习，主要是看教材，并做相应的习题。陈杲报考少年班时，高二时就参加高考。陈杲平时学的是新课程，上一个年级用的是老教材。我就到学校买了高中三年所有的老教材与参考书，装满了两只硬纸箱。陈杲主要对照这些教材进行自学，结合做些练习题。

陈杳超前学习时，自己到新华书店找了教材全解，进行自学。比学校教学进度略微超前，在自学中发现的问题，课余时向老师请教。

陈杳总结说："许多知识点，如果要求每次都搞清楚，会花很多时间，甚至会钻牛角尖，但学了后边的内容，回过头来再看原来的'拦路虎'，克服起来会很轻松。"

自学的精髓在于尊重个性

让孩子自学，家长最担心的是，成绩下降了怎么办。我觉得，要从大课程观看分数。因为少做老师布置的作业，而试卷都是老师出的，所以自学的孩子，刚开始时考试也许"不理想"，这没什么可怕的。我曾对此打过一个比方：老师教的是太极拳，孩子自学南拳，两者都可健身，学南拳的孩子去考太极拳，分数低些有什么可怕？从长期看，自学的孩子能力发展得更快，当分数开始提升的时候，孩子的能力已经胜人一筹了，能力提升后，必定利于提高分数。实际上，凡高考状元之类的尖子生，一般都不是只做老师作业的学生，大多都是善于自学者。

陈杲大学时的导师陈卿教授，原来是学校少年班管委会主任，早在陈杲面试时，陈老师就评价："陈杲思维独特，即使在少年班，也是五年才碰到一个。"美国华人数学家陈秀雄教授应邀到中国科学技术大学任兼职教授，陈杲受到陈秀雄教授的赏识。陈秀雄教授说，一般中国大学生，求同思维有余，求异思维不足，而"陈杲的思维非常神奇"。陈杲在大学表现出特别的学习能力，我觉得，这主要得益于从小的自学。当其他孩子做作业时，陈杲在超前学习，这样就拓宽了思维能力；当其他孩子在做标准化习题时，陈杲在天马行空地思考，正好发展了求异思维。

2013 年暑假，陈杳受吉尔·奥尔特维奇教授邀请，赴哈佛大学实习，从事个体化医疗的生物信息学研究。2013 年 7 月 18 日，哈佛大学医学院官网发表《定制个性化数据——一款致力于为医生及婴幼儿患者提供个人基因信息的应用程序》的报道，详细介绍了该项研究的进展情况，文章特别提到，陈杳是合作者。国内许多媒体都报道了这个新闻。事后陈杳说，这些设计，事先都没有学习过，全部是临时自学完成的，如果没有从小的自学经历，几乎是不可能的。

七、实践体验法

实践体验法，指通过生活实践、社会实践、科学实践等，让孩子亲身体验，积累直接经验的方法。

教育需要做中学

有句话很有道理："我听了，我忘了；我看了，我记住了；我做了，我明白了。"家长要引导孩子勤于实践、乐于探究，从而获得体验。

陈杳与陈杲刚读幼儿园时，老师布置了不用家长陪同独立去超市买东西的任务。瑞安的超市也曾去过，可不用大人陪同独立去还是第一次。两个孩子买了贴纸，还买了一些瓜子给妈妈吃。我问，怎么想到买瓜子？他们说，买了贴纸是给自己用的，想到用的是爸爸妈妈的钱，应该给大人买些东西，好像家里什么东西都有，想到妈妈晕车喜欢吃瓜子，就买了。对幼儿来说，关心大人的道理是很抽象的，买瓜子给大人，细节中就包含着大道理。经历过了，这个道理就好懂了。

学校里都会开设综合实践活动课程，目的是让孩子有更多的实践体验。例如，研究性学习、社区服务与社会实践、信息技术教育、劳动与技术教育等。我鼓励两个孩子积极参与学校的综合实践活动。瑞安市安阳实验小学建有实践基地，如养殖园、种植园、果树园、药草园和大棚实验场。两个孩子特别喜欢种植活动，特别是陈杳，亲手种植了一些植物，这样的切身体验对她的学习和人格养成都产生了积极影响。

孩子的生长需要尝试错误

孩子的生长，是一种试误的过程。在不断的尝试中，当犯错逐渐减少，感悟就会越来越多。知识学习如此，性格、习惯、道德养成也如此。犯错误固然是坏事，但却是不可缺少的体验。对孩子的错误，除了不能容忍的错误需要批评、惩罚外，家长应该宽容处理，关键要引导孩子养成分析成败原因的习惯。如果家长过于严厉，孩子犯了点儿小错，就唠叨、批评，并不一定利于教育。家长的目的是让孩子记住教训，别再犯类似的错误，实际上，一旦家长反应过激，反倒让孩子逃避尝试而变得柔弱，或者使孩子在犯错后想方设法逃避父母的责备。

陈杳与陈杲小时犯了错误，我掌握一个原则：第一次犯错，鼓励探究比纠正错误更重要；多次犯同一错误时，再考虑是否给予强化教育。有一次，陈杲吃饭时打碎了碗，我并没有责备他，只是与他一起处理碎片。不久，陈杳不小心也打碎了碗，就学习按上次的方式处理碎片。

以体验克服畏难心理

孩子在陌生的环境里或者碰到陌生的人，难免会产生畏难心理，家长应该给予鼓励，并通过锻炼，克服畏难心理。陈杳与陈杲第一次在自己的卧室独立睡觉时，都有些紧张，我鼓励他们克服困难。陈杲说，"有什么可怕的，反正爸爸妈妈都在隔壁"，陈杳找了最喜欢的小兔布娃娃陪伴。第二天，我表扬他们有胆量。此后，他们独自睡觉，也就不怕了。

2001年年底，我们全家去上海过年。我们到"大世界"游玩时，有一个专为小朋友表演的节目，吸引了两个孩子。节目主持人不时请小朋友上台互动。我鼓励两个孩子找机会上台，他们存有畏难心理。在演出即将结束的时候，我说，看来你们是不敢了。这时，主持人问了个比较难的问题，其他的孩子都被难倒了，陈杲出乎意料地高高举起了手，从容上台，回答了问题，得到一个奖品。陈杲生性相对文静，经过此次锻炼后，常说："在'大世界'都敢上台，这有什么可怕的？"

2002年年初，我带陈杲到北京玩儿。一天，我要找一位教授讨论点儿事，我问陈杲敢不敢一人待在宾馆，陈杲说敢，我就让他一人待在宾馆。我回来后，陈杲很有成就感，毕竟北京是个陌生的城市。我问他"怕不怕"，他说，听到有人敲门时有点儿怕，以为是坏人，发现原来是服务员要打扫房间，就说不用打扫，后来也就不怕了。我本来完全可以带陈杲外出的，但我有意安排让他独处，我觉得，男子汉应该有胆气，经历一些事，才会有体验、有感悟。

良好德行需在实践中养成

孩子习惯的养成，很多时候需要家长手把手示范。一些家长也对孩子提出习惯要求，却没有在行动上点拨、示范，孩子缺乏实践锻炼，教育效果就会大打折扣。

陈杳与陈杲卫生习惯的洗脸、刷牙、洗脚、上厕所，学习习惯的整理文具、预习、阅读等，做人习惯的尊重他人、讲礼仪等，我都很注重在细节上点拨。例如，聚餐时，我要求两个孩子学会敬酒，从长辈开始敬，碰杯时自己的酒杯要低于客人的酒杯，最好起身走到长辈身边敬，这些细节我都会告知并示范。做了几次后，碰到宴会时，不用我说，两个孩子常主动出去敬酒。

我瑞安市区的家在六楼，楼梯底层有对讲机。一次，来客按着门铃不放，家里铃声响个不停。客人走后，我引导两个孩子反思该如何按门铃，并实地操作，一人在楼下按门铃，一人在楼上听声音，跑上跑下，既是游戏，又长见识。许多事情，家长既要讲怎么做，又要告诉孩子为什么这样做。例如，开门就有学问，我让两个孩子通过体验明白，开门、关门实际体现了对他人的尊重。

陈杲到中国科学技术大学报到的第二天，在校园内看到一位盲人，用拐杖在路边摸索，而路边正是一处低洼地。陈杲说"有危险"。我放慢脚步，说"我们应该做些什么"，话还没说完，陈杲已过去搀扶盲人，护送到安全地段。我特别表扬了陈杲："举手之劳，可显示人的美德，用奶奶的观念看是积德，用老师的话分析是道德品质好。不管以后是做科学家还是平凡的人，做人是第一位的。到科大后你会有很多场考试，今天是第一场，考做人，你得了高分。"

体验重在感悟

做家务，外出旅游、参观，这些都是实践活动。例如，拖地板，整理房间，做简单的家务，也是孩子生长中不可缺少的体验。孩子应该多接触外面的世界，到农村、工厂看看，到图书馆、电影院、政府机关、法院看看，不能只有家与学校的"两点一线"。

孩子参与实践活动，重在体验后的感悟。要通过与大自然的接触，领悟大自然的神奇与博大；通过观察与思考身边的环境，领悟人与自然的和谐；通过对当地人文景观、特产特色、民俗风情的了解，增强热爱家乡之情。孩子的思维往往很肤浅，如果没有恰当的引导，孩子会把实践活动仅仅作为游戏而已，少有什么感悟。希望孩子多感悟，需要恰当的点拨。

2002 年，瑞安市实验小学百年校庆，陈杳与陈杲了解了学校创办者孙诒让的故事，还知道了一批特殊的校友。特别是哈佛大学教授蔡天西给学弟学妹的信，引起两个孩子浓厚的兴趣。为了加深这次校庆活动的体验，我特意带两个孩子参观孙诒让曾经读书的地方——玉海楼，及其创办的瑞安中学的老校区，到湖滨公园看孙诒让先生的曾孙孙义燧院士的题词，以感悟瑞安的人文底蕴。我还带两个孩子一起寻找蔡天西在瑞安丰湖街的旧居。后来，我认识了蔡笑晚先生，好几次蔡先生回瑞安都住在旧居，我都带两个孩子去看望。在蔡天西的旧居，听着蔡先生讲蔡天西的童年故事，自然有非同寻常的感悟。

孩子的体验，并不是说每一次都需要有感悟，或者说，家长一点拨，马上就有感悟。教育具有滞后性，需要长期的引导。有时候，长期体验都不一定有什么收获，但一以贯之，积累到一定程度，有可能会突然引发灵感，或顿悟。两个孩子幼儿时喜欢在客厅里跨步，走几步记录下来。在学校里，也喜欢在广场踱着方步走。想不到，2010 年暑假，两个孩子讨论一个很令我惊讶的问题：人的空间感与人的身高成反比。理由是，小时觉得客厅很大，学校广场很大，长大后看，比原来的感觉明显变小。他们又讨论了时间问题，认为人的时间感与年龄也成反比，年龄越小觉得时间越长，年纪越大总觉得时间过得特别快，原因是人对经历过的时间有个记忆，一段时间的长度感，取决于与原有记忆时间的比率。两个孩子还列出了一个公式：人对一段时间的感觉，等于这段时间除以出生到现在经历过的时间总数。他们说，说不定时间与空间的感觉，也有个相对论原理。

八、挫折磨砺法

挫折磨砺法，指孩子遭受挫折时，引导孩子正视挫折，从而锻炼意志、提高耐挫折能力的教育方法。

让孩子直面挑战

在孩子生长的过程中，不可能没有挫折，如孩子学习成绩下降，与同学发生冲突，身体受伤等。一些家长看到孩子有挫折了，总是很心疼。一些家长从小吃尽苦头，凭着惊人的毅力闯出一番事业，可当生活条件好了，却怕孩子吃苦，对孩子百般呵护。这貌似关爱孩子，却容易把孩子推向脆弱的边缘。

实际上，孩子的生长需要挫折。孩子如果没有经历挫折的洗礼，就容易变成温室里的花朵。当孩子遇到挫折时，家长应该给予足够的时间让孩子去体验——与其一辈子替孩子遮风挡雨，不如让孩子直面人生中的风雨。问题解决后，要引导孩子反思。只有这样，当再遭遇挫折时，孩子才能积极面对。

陈杳刚转学到瑞安市安阳实验小学时，在与同学的交往中碰到了困难。同班的几个调皮同学，与隔壁班的同学闹矛盾，把陈杳拉去当"靶子"，押着陈杳跟那些同学吵架。陈杳被踢了好几脚，同学们就以"你敢打校长的女儿"来吓唬人。陈杳很难过，既被人踢了，又觉得被人利用了，与我聊起这件事，想转学回瑞安市实验小学。我引导她，碰到困难就想到逃避，这是软弱，能否想办法解决？陈杳说试试看。后来，不知不觉也就解决了。我问她："怎么解决的？"她说："原来同学们叫我，我不会拒绝，后来想想有些同学找我的目的不好，拒绝这样的人是应该的。他们来拉我时，我马上警告会报告老师，他们也就不敢再拉我了。"

把挫折变成挫折教育

挫折与挫折教育是两个概念。家长心中应有挫折教育的意识，当孩子遇到挫折，如与同学发生矛盾，或者受到老师的不公正对待时，要想方设法把挫折变为教育契机。家长如果气呼呼地到学校讨说法，这样做也许情有可原，但由此错过了挫折教育的时机，还是有点儿可惜的。

陈杲上幼儿园时，因跳绳不达标，哭了。这何尝不是一次挫折教育的机会呢？我说："若到了一个陌生的地方，更没有人会理睬你，难过、哭鼻子是没用的。碰到困难如果没人帮忙，自己想办法才是正道。男儿有泪不轻弹！"此后，陈杲碰到困难时就很少掉泪。每当受到我表扬时，他常说："当然啦，男儿有泪不轻弹嘛！"

碰到挫折后，孩子从消极的角度对待，挫折就是坏事；如果从积极的角度对待，挫折就可能变成好事。陈杲读大三时，去打开水的路上被同学的自行车撞倒，脸上都是血。到医院处理后，幸好只是皮外伤。

事后，我引导陈杲："不小心被撞伤，这肯定是坏事，但面对坏事，表现出这样的镇定自若，先去医院，健康第一，就是对自己、对家人负责的态度；当撞人的同学提出要赔偿时，你却放弃赔偿，这是道德高尚的表现。"

借家人困难实施挫折教育

一些家长为了生计备尝辛苦，对孩子却只字不提，我觉得很可惜。把家庭生活的困难告诉孩子，不仅能增强孩子的责任心，还能让孩子接受挫折教育。勇于克服困难的爸爸妈妈，就为孩子树立了正确对待挫折的好榜样。

我常将家庭的困难告诉陈杳与陈杲，希望他们明白，人生会碰上许多困难，碰到困难时要勇敢面对。2004 年，我因阑尾炎住院动手术。到医院前，我对两个孩子说，爸爸要动手术了。两个孩子很紧张，问危险不危险。我说可能有危险。他们就拉着我不让我去。我说，不做手术更危险。之后的一周，两个孩子日夜牵挂，不断问候。当我出院回到家里后，他们激动得流泪。

陈杳与陈杲 10 岁那年，我报考教育硕士。结果在意料之中——因英语太差落榜。

我将消息告诉两个孩子。陈杳当场就流了泪，陈杲问了些"会不会改错"的问题。我忽然觉得这是对孩子进行挫折教育的难得时机。

当天晚上，我吟了一首打油诗："英语十五分，却考研究生？天鹅上云霄，蛤蟆羞见人。"两个孩子说："这是爸爸说自己考不上研究生无脸见人。"我说："对了，老爸无脸见人。"

接下来的几天，我一回家，两个孩子就过来巴结我，我一声不吭，听着他们"做思想工作"。有时，他们说改卷的老师瞎了眼；有时，他们说我考上研究生也没有用；有时，他们劝我明年再考；有时，他们想不通爸爸英语怎么这么差。——我发现，两个孩子仿佛一下子长大了。我暗喜不已。

过了几天，两个孩子又"做我思想工作"。我看看也差不多了，又吟了一首打油诗："天鹅高飞尽，黄鱼入海深。清水捞明月，圆镜成碎片。孙山回头望，病树枝头春。老马终识途，抬头奔前程。"两个孩子讨论："爸爸属马，'老马'指的是爸爸，'抬头奔前程'说明不难过了。"他们立即欢呼起来。

我考研究生，与两个孩子似乎无关，而我把我的"挫折"变成了陈杳与陈杲的"挫折教育"。

挫折后的激励

陈杳读五年级时，在走廊上被同学撞倒在地，大门牙摔缺了一个小角。

陈杳为此哭了好几回，一个月后照镜子时还想哭。我顺势引导："既然已经受伤了，这是没有办法改变的现实，哭也没用。你应该这么想，'如果摔掉的不是大门牙的一个小角，而是整个大门牙，那才不好呢！'如果大门牙掉了，那也没办法，要这么想，'如果嘴巴都摔伤了，那更不好呢！'在任何困难面前，首先要勇敢面对现实。问题不会因你难过就能解决，伤心、自责、埋怨，这是最不负责任的人生态度。"陈杳说："要是摔断了腿呢？"我说："摔断了腿，就要想想，还可以医治，总比没了腿强，这体现了人的坚强，没有困难哪来坚强？"陈杳说自己会努力做坚强的人。

挫折后重在激励。如果没有恰当的引导，孩子遇到挫折，有可能会打击自信，还有可能会激发对抗与仇恨的心理。而恰当的激励，是把坏事变成好事的教育艺术。

我的侄儿浩转学到瑞安市区后，变得学习不认真。上中学时，他爸爸的生意陷入困境，我有意将此事变成对侄儿的挫折教育。我说他爸爸生意亏了，连吃饭都有问题，问他怎么办，浩很伤心。我对他说："叔叔会资助你吃饭的，学习的事你自己要上心，如果没有志气，长大之后怎么办？"之后一年间，我发现侄儿明显懂事了。初二开始，他的学习态度发生了改变，学习也有了进步。

九、艺术陶冶法

艺术陶冶法，指借助音乐、美术、文学、戏剧、电影、电视等艺术手段，对孩子进行陶冶与熏陶，触动其心灵的教育方法。

多听音乐

音乐是人们抒发感情的艺术，不论是听、唱或演奏，都与情感关联。多听音乐，既利于孩子情感的发展，也有助于亲子间的情感互动。陈杏与陈杲的生长过程伴随着音乐。两个孩子婴儿时，仿佛对音乐节奏有特别反应，当哭闹时，我一放轻音乐，孩子就会安静地听。搬到瑞安市区后，我家里配了音响，一家人常一起唱歌。

我平时有空，会与两个孩子一起唱唱歌。每当看动画片连续剧时，主题歌自然不会放过。两个孩子喜欢唱的儿童歌曲，什么"村里的小母鸡，母鸡下蛋了"之类，我都会哼几句。我有时也卖弄一下，唱些《涛声依旧》《酒干倘卖无》之类的歌。陈杏曾说："听爸爸唱'长亭外，古道边'，就情不自禁地特别感动。"

多画画

孩子都是儿童画的天才创作者，他们经常把自己置于画面上想象的情境中，与诸如外星人、机器人，或拟人化了的小动物们在一起。儿童画对于开发智力很有益处，当孩子画画的时候，大脑和手无疑都得到了锻炼。陈杏与陈杲幼儿时，我购买了一些绘本给他们阅读，配备了一些彩笔供他们涂鸦。

两个孩子常让我看他们的作品。几乎每张画里都有故事，什么"小公鸡干了坏事，太阳公公脸都红了"；什么"国国小朋友的妈妈家家，听说5岁读幼儿园是最迟的，国国已经5岁了，就让国国入学了，家家去幼儿园报名，看到了紧紧和松松也来报名"；什么"水悟空大战水八戒"。每当两个孩子让我看他们的"杰作"时，我都以欣赏的眼光，听他们讲这些奇特的故事——既鼓励他们的想象力，又培养表达能力。

陈杏幼儿时特别喜欢画画，作品一大沓，不时拿出来自我欣赏。有一次，陈杏说发现了重大秘密，原来，她一直觉得自己的画立体感不强，就是找不出原因，那天突然发现，远处的东西看起来小一些，画出来一看，果然就有立体感了。

现代科技成果给孩子最好的礼物之一是动画片。动画片将儿童画与童话相结合，对孩子具有不可抗拒的吸引力。儿童更容易走进动漫世界，感受到童话故事的情趣，时时享受童言、童语、童心、童趣。对两个孩子产生较大影响的动画片，有《大头儿子小头爸爸》《蓝猫淘气3000问》《米老鼠和唐老鸭》《猫和老鼠》《西游记》等。

多读诗歌

诗歌想象力丰富，思维有跳跃性，很符合儿童心理。陈杏与陈杲婴儿时就开始接触唐诗宋词。为了更好地了解诗中有画的意境，我特地买了《唐诗地图》，两个孩子很喜欢。两个孩子读小学后，我家里订阅《童话世界》《儿童文学》等杂志。这些期刊中常有儿童诗，朗朗上口，又很有教育意义。

各地都有民间流传的童谣，这些都是前人留下的宝贵育儿资源。我小时就念过一批童谣，如《蛤蟆娶亲》，我至今还记得。

我常与两个孩子一起写打油诗。幼儿时，主要为了娱乐；少年期，兼顾立志。诗写得多了，两个孩子给我起了个"昆山居士"的雅号。后来，我们经过昆山，都不约而同地作诗。如2010年年底，陈杲去北京参加南方科技大学笔试，动车经过昆山，我们一起推敲了一首诗："南方起惊雷，桑田龙飞腾。杳心磁针石，科海泛舟宁。雪喜昆山夜，才满北京城。投奔奇迹路，岂敢让须眉？"2012年，陈杲出国读博士前，坐动车经过昆山，给我发信息："长龙飞腾过昆山，千里温州一日还。欲乘神舟赴天宫，不如学成回故乡。"我回复："四年求学路艰难，学成归来喜欲狂。他日渡洋赴名校，方知人间皆昆山。"一会儿，我又给陈杲发信息："四年后的诗先写——四年读博路漫长，学子才高惊异邦。电话QQ皆佳讯，更喜夜来梦昆山。"

有一次，两个孩子一起去上海，在动车上给我发了一条信息："候鸟乘风画中游，江南流水醉心柔。悠悠梦蝶迷仙境，漫漫银河御轻舟。"回家后对诗作很满意。"候鸟"说的是两个孩子都在外读大学，假期才回家；"梦蝶"引用庄子"不知是蝴蝶梦见我还是我梦见蝴蝶"的典故，寓意两人有名人的境界；最后一句，寓意两人都喜欢在科学"银河"中探索。

适当看电视剧

电视剧兼容电影、戏剧、文学、音乐、舞蹈、绘画艺术等诸因素，特别能激发孩子的情感共鸣。与孩子共同观赏有意义的电视剧，特别是观赏经典文学改编的电视剧，其艺术陶冶的价值是不可估量的。只是，电视剧是个开放的娱乐体系，而孩子的生长需要的是教育体系，因此，以教育的视角选择电视剧，才会使电视剧艺术成为重要的教育手段。

陈杳与陈杲幼儿时，凡优秀的电视剧，我都会推荐给他们看。两个孩子也看连续剧，我们一家人共同看过的就有《西游记》《三国演义》《水浒传》《长征》。两个孩子很喜欢《三国演义》，还与原著对照着看。后来我还去买了《三国演义》电视剧的光盘，便于两个孩子选择感兴趣的片段欣赏。

《西游记》的动画版，特别吸引两个孩子。主题歌也特别好，不仅歌曲旋律很迷人，歌词也很有味道。每当歌声唱起时，两个孩子放声唱，我有时也一起唱。

受电视剧影响，两个孩子喜欢自编自演"历史剧"。例如，两个孩子记录的《大禹治水·远古时代1》："在大约公元前21世纪，黄河连年发洪水，造成了鸡犬不宁。于是，舜便派鲧去治水。由于鲧不懂治水办法，用了多年还治不了洪水，反而死了无数人。舜非常生气，就撤了鲧的职，让鲧的儿子禹接任。禹懂得治水办法，但也需很久。他三过家门而不入。最后，他终于治理好了洪水。舜把皇位让给禹。禹死后，禹的儿子启即位，并建立了夏朝。"

用艺术陶冶孩子

艺术的陶冶，在孩子精神世界种下了真善美的种子，当这些种子生根、发芽时，其审美教育、情感教育、价值观教育等，也就水到渠成了。艺术是丰富孩子精神世界的重要渠道。

家长要让孩子接触艺术，但并不是说都要学特长，艺术只有从陶冶的角度植入儿童教育，才有育人的价值。学不学特长，要看孩子的兴趣与天赋。功利性的教育，往往更关注"才"，一谈艺术，就要培养特长，这是教育的误区。

我很重视艺术教育，但我并不追求艺术特长。陈杳与陈呆小时，我也引导他们唱歌，但都没有对声乐的拔高要求。两个孩子也曾对乐器产生兴趣，跟着音乐课进度学了一段时间竖笛，但终究对乐器的兴趣不如对阅读与科学的兴趣浓厚。两个孩子也都没有参加美术类培训班，他们画画完全是凭兴趣。同样，我与两个孩子写的诗，从文学艺术的水准看，基本上属于打油诗而已。我觉得，诗能言志与传情足矣，如果把写诗作为艺术技能来追求，两个孩子可能就会害怕，而我把写诗作为娱乐式的教育手段，使家庭教育充满了艺术味。

陈呆考上中国科学技术大学后，两个孩子第一次要分别那么久，便录制了自编自演的小剧本，有学习的画面，有写决心的镜头，有棋子摆成的多米诺骨牌，还配上主题歌，以北京奥运会主题歌为旋律，词如下："我和你，心连心，永远一家人。为梦想，千里行，相约在科大。再见，朋友，挥挥你的手。为梦想，不言弃，一路奔奇迹。"小剧本艺术水准并不高，可看看还真的很感人，在两个孩子的精神生长中，留下了一段美好的回忆。

十、赏识期望法

赏识期望法，指通过赏识与期望，使孩子产生积极的情感体验，自觉或不自觉地为达成期望目标而努力的教育方法。

赏识孩子的精彩

每个孩子都有精彩的一面，家长要从横向比较中发现孩子的优点，从纵向比较中发现孩子的进步，用显微镜的眼光发现孩子的闪光点。孩子犯了错误，当然得批评甚至惩罚，但即使批评、惩罚，家长也不能放弃赏识，可以赏识这次错误比上次程度变轻了，赏识改正的态度，赏识孩子其他方面的优点。

陈杳与陈呆幼儿时，每当我下班回家，他们都会向我汇报一天中发生的"大事"，有趣事，有感想，也有犯的错误。上学后，也常向我讲学校里的事，或同伴关系，或学科学习，或校内见闻。我的方法就是不住地点头。当我选择给予赏识时，孩子就喜欢对我讲。

平时我注意"大事清楚小事糊涂""可以改的错误清楚，估计一时难改的错误糊涂"。在核心价值观方面，我不允许有偏差，而非核心的东西，就相对宽松。孩子犯了错时，我尽可能注意就事论事，避免算总账。有时，觉得孩子的错误非教育不可，我的方法是，把孩子叫到房间，关起门来讨论、批评。批评前，我会听听孩子的意见。平等表达，孩子更能口服心服。至于批评什么，对他人保密。当孩子接受批评并决心改正时，我的批评结束，打开门时我就表扬："这孩子真不错，这么上进，有点儿错马上就改。"

对孩子饱含期望

我对陈杳与陈呆的期望，常常在平等的对话中进行。2010 年 4 月 18 日晚上，陈杳发信息给我："寒假觉得太难的内容（如爱因斯坦光电效应方程等），现在可以接受了。"我回复："进步陈杳一个人，幸福我们一家人。"陈杳又发信息："今天是爱因斯坦逝世 55 周年纪念日。"我回复："小爱因斯坦记挂着爱因斯坦。"陈杳特别崇拜爱因斯坦，我说她是小爱因斯坦，她肯定高兴。果然，陈杳回复："爱因斯坦影响着小爱因斯坦。"我回复："小爱因斯坦和爱因斯坦都是了不起的人。"陈杳："爱因斯坦和小爱因斯坦都有了不起的父母。"我回复："爱因斯坦和小爱因斯坦都有上进心和平常心。"陈杳："爱因斯坦和小爱因斯坦都有远大的志向。"我回复："爱因斯坦和小爱因斯坦都崇尚理想并有吃苦精神。"不经意间，短信已传递了我的期望。

2010年12月，我在广州出差，陈杳给我发信息："网络上写着南方科技大学12月即将等来筹建教改实验班的批文！"我回复："中国就多一点儿得诺贝尔奖的机会！"陈杳很高兴，叫我能否去南方科技大学校园看看，拍几张照片给她。我特地去了深圳，想不到当天手机没电，又将照相机忘在宾馆，照片没拍成。陈杳要不到南方科技大学相片，说估计老天爷有意不让她读南科大。当天晚上，我与几个朋友去登塔。到了塔顶，给陈杳发了信息："追求科学的道路就是曲折的，但最终有的人能登上高塔！"陈杳收到信息，给我打电话聊了好久，听得出她信心倍增。

在家庭氛围影响下，两个孩子之间也互相传递期望。陈杳曾想报考中国科学技术大学创新实验班，未能获准报考。陈呆给陈杳发了彩信，相片是中国科学技术大学少年班上锁的后门，配上文字："这是一条直通少年班的走廊。透过玻璃门，可以清楚地看到少年班的风采。但是这把锁无情地锁上了这个通道。不过，它锁上的是直通少年班的后门，却阻碍不了我们绕过这个通道，从前门进入少年班！只要不放弃梦想，这把锁是锁不住我们的！"陈杳受到激励，又想到"上帝为你关了一扇门，总会为你打开一扇窗"这句话，于是增强了信心。

确立恰当的期望值

怎样的期望值才算恰当？这正如摘葡萄，只有跳起来能摘到葡萄时，才会尽全力去摘；倘若跳起来也摘不到，就会想"摘不到的葡萄是酸的"，也就缺乏动力了。

陈杳与陈杲读小学时，我给定的期望是：各科成绩90分以上，多看课外书。我之所以没有确定98分或者100分的目标，因为我觉得期望值过高，会给孩子造成心理压力。陈杲跳级后，我对他的学习成绩没提要求，只是在超前学习上给予期望。陈杳刚读初中时，我给定的班级名次目标为第20名，相对宽松的期望值，既让陈杳不断获得自信，又为她自学创造了条件。

我的外甥彬刚转学到我家时，我的期望是：认真完成作业，争取成绩进到班级中等水平。因期望值恰当，彬通过努力能够做到，我就不断地给予赏识。读初中时，小发明获奖激发了他的信心，带动学习成绩迅速提升。我的期望是，考上瑞安中学自费生。中考时，彬超常发挥，居然考上瑞安中学公费生。读高中时，我的期望是他考上浙江大学。彬高考分数比重点线高40分，因小发明获全国奖，可加20分，估计浙江大学没问题，不巧当年浙江大学分数线奇高，被录取到南京邮电大学。我鼓励他，本身底子这么好，大学期间努力些，争取考上海交通大学的研究生。说者无心，听者有意，大学毕业后，彬果然考取上海交通大学硕士。

引导自我期望

孩子都喜欢与他人竞争并希望获得比他人更棒的体验。幼小时会与兄弟姐妹竞争，与邻居同龄孩子竞争，上学后会与同学竞争，这是天性。与人竞争，固然有进步的动力，但人的生长，最大的动力来源于自我期望。如果引导孩子形成在原有基础上不断进步的自我期望，孩子就会表现出良好的精神面貌。

陈杏与陈呆常会对我说自己的想法，如"我想这一周把这个章节都自学完""我想抽空写一篇超一流的文章"，这些都是他们的自我期望，我就表扬他们有志气。表扬多了，孩子就会不断提出自己的发展目标。有时候，两个孩子的自我期望过高，我也顺其意而进行引导。如陈杏或陈呆提出"这个月我要看3本书"，显然是很难做到的，我会引导："3本太多，1本就不错了。"过一段时间，我估计孩子已经看了1本，就问问情况，及时给予表扬。陈杏或陈呆说"我再看两本"，我一般会说："很难的，不过如果再看1本就了不起了。"因为是自我期望，加上我的鼓励，两个孩子最终可能会看完两本书，这时我就表扬。这不仅是表扬看了多少书，更是引导孩子的自我期望。

2006年年底，我在新浪网开了博客，尝试利用博客向两个孩子传递期望。两个孩子常常看我的博客，不时受到激励。陈杏小学毕业后，我马上写了篇《陈杏读小学》，其中总结陈杏"耐挫折能力"特别强，实际上，毕竟是孩子，哪能做得这么好？陈杏读了博文后，很自然地对自己提高了要求，这就达到自我期望的价值。我还在博客上开辟了"美文欣赏"，选载一些哲理美文，如《苏格拉底的教诲》《最棒的玉米》《走错的路也是路》等，两个孩子悄悄看后，不知不觉中形成自我期望。陈杏18岁生日时，在QQ日志上写的文章，还提到"也许你走过的路有许多遗憾，请你记住：走错了也是路"。

"赏识-期望-引导"模式的运用

赏识教育、期望教育，都是很好的方法。如果结合起来用，效果更好。缺乏赏识，孩子会对家长不信任，甚至产生抵触心理。而如果只有赏识，缺乏应有的期望，孩子会找不到目标。

为此，我尝试着构建"赏识－期望－引导"模式。赏识为了激发孩子的信心，从而产生上进的愿望；期望为了明确孩子的目标，从而产生上进的方向；引导为了帮助孩子促成目标实现，从而使孩子走向成功；成功之后，再及时给以赏识，从而形成螺旋式上升的新期望和引导。

陈杳读小学六年级时，有次参加学校奥数比赛，获女生组第一名。我说"爸爸只知道你作文好，想不到你数学也有天赋"，这是赏识。然后我提出期望："平时你喜欢看课外书，好像文科类为主，是否也看些理科方面的书？"陈杳说试试看。陈杳就请陈杲推荐一些理科类的书，陈杲推荐了几本数学奥数的习题书，陈杳看了看，并不喜欢。我说，看习题当然没味道啦，就带陈杳去新华书店，陈杳买了自己喜欢的一些书。这里，我用的方法就是引导。陈杳不喜欢看习题时，我如果听之任之，万一陈杳形成了"数学思维不行"的想法，就有点儿前功尽弃了。

有一次，我陪陈杲外出，在宾馆电梯里碰到一个老外。老外对我们笑了笑，陈杲也笑了笑。我悄悄给陈杲竖了下大拇指。我拉拉陈杲衣角，暗示他用英语与老外对话，想不到他不敢开口。我知道这是陈杲不自信。出了电梯，我说："老外有什么可怕的呢？你连名教授都见过了，难道老外比名教授还厉害吗？我想，正当你想说时，电梯已经到了吧？"陈杲说，总觉得有点儿怕。我说："男子汉有什么好怕的？相信自己，肯定行！"陈杲点点头。一会儿，我们从楼上坐电梯下来，想不到又碰到老外，陈杲还是不敢开口。我拉拉他衣袖。这下，陈杲壮着胆子与老外说了几句。不要小看这几句话，万事开头难。回来后，我大为表扬。

陈杲对老外笑了笑，我竖大拇指，这是赏识。勉励陈杲做男子汉，这是期望。拉拉衣袖，让陈杲下决心与老外对话，这是引导。回来再表扬，这是达到目标后的赏识。不知不觉中，我运用了"赏识－期望－引导"模式。

原中央教育科学研究所的李树珍老师，曾高度评价这个模式。2004年，我参加杭州西湖博览会"全国名师名校长论坛"，有位校长讲赏识教育，坐在我身边的北京景山学校老校长贺鸿琛表示，仅有赏识是不够的。我发言时，谈了"赏识－期望－引导"模式，受到贺教授的肯定。晚上，他叫我去他房间，专门讨论这个模式。

第六章

做一个智慧的家长

一、把坏事变成好事

任何一件事，从一个角度看可能是坏事，从另一个角度看，也许就是好事；从短期看可能是坏事，从长期看也许是好事。当孩子身处顺境时，家长要有忧患意识；当孩子的生长遇到困难时，要善于寻求转机，想办法把"坏事"变成"好事"。

好与坏通常是相对的

任何事物都是一分为二的。互联网技术使社会变得更加透明，加快了民主化进程，但也正是互联网，成了传播消极文化的一种渠道。孩子在使用互联网，便捷地进行知识学习的同时，却也最容易遭受网毒的侵害。

我喜欢引导陈杳与陈杲做好与坏的分析，这样做事就可能更理性。两个孩子在小学高年级段先后转学到瑞安市安阳实验小学，我们分析的好处有：1.能认识新同学，锻炼人际交往能力；2.新学校有六亩劳动基地，可以参与种植活动；3.上学要乘坐公交车，能加强对社会的了解。坏处有：1.长期坐公交车，路上要浪费更多时间；2.路途较远，增加了安全隐患。这里的坐公交车，既有好处，又有坏处。

我常与两个孩子讨论方与圆的哲理。方有方的长处与不足，圆有圆的长处与不足，在选择方与圆的长处时，必定伴随着不足。

从孩子的角度看好坏

孩子的个性不同，对同样的事情会有不同的反应，甚至在不同的时期、在不同的情境下，都会产生不同的结果。有时候，大人觉得不好的事，孩子偏偏很感兴趣；大人觉得很好的东西，孩子并不见得就喜欢。

曾有家长对我说，花了近千元买了名牌鞋，想不到孩子却为此闹别扭。实际上，鞋子是不是名牌，孩子可能并不在乎。

家庭教育应更多地立足于孩子的视角，家长多一些换位思考，孩子就可能少一些逆反心理，多一些幸福感。

陈杳与陈杲小时，房间里常常摆满玩具，墙壁上贴满了贴纸，从大人的角度看，家里被弄得很"乱"，但我很支持。我觉得，家里随地都有喜欢的东西，他们的幸福感会更强。

两个孩子从小喜欢研究小动物，常抓一些苍蝇养在瓶子里，还用饼干末喂养。从大人的角度看，这很难说是好事，但从孩子的角度看，却很有趣味性。

陈杳读初一时，老师要求每个孩子配备一本参考书，为了便于教学，要买相同版本的参考书。一个周日下午，陈杳找了几个书店，都找不到，计划下周有空时到更远的书店再找。周一上学时，老师手头正好多了一本，送给了陈杳。陈杳很高兴，可看到住校的一位同学还没有，想到她要出去买，更不方便，就转送给这位住校同学。回家后她与妈妈一起出去找，想不到中途下起了暴雨，回来又打不到出租车，她们坐人力三轮车在风雨中花了半个多小时，路上还真有点儿危险。从大人的角度看，凭空多了件事，可从陈杳的角度看，帮助了同学，在风雨中坐了三轮车，未尝不是美好的回忆。

正视好事背后的弊端

孩子的生长过程，是一个伴随着成功的喜悦而不断进步的过程。进步固然可喜，但家长要考虑好事背后的弊端，未雨绸缪才更显远见。

孩子喜欢运动是好事，如果没有规则教育，好动的孩子特别容易变得调皮。孩子听话是好事，如果性格内向，可能就会缺少主见。孩子取得好成绩固然可喜，家长要考虑是否在某些方面付出了不必要的代价。孩子选择了名校是好事，如果孩子智力平平，在强手云集的竞争中可能会处于劣势。

陈杳与陈杲读小学时，先在我妻子工作的学校就读，后来转学到我工作的学校。教师子弟在校不免有优越感，对自信心培养有好处，但过多的优越感并不是好事。

我曾看到许多教师子弟，因小学太受照顾而在中学出现不适应，有一些孩子因心态调节不好导致成绩一落千丈。我觉得，孩子小小年纪获得太多的照顾并不都是好事，就特别注意不让两个孩子有过多的优越感。

在瑞安市安阳实验小学就读时，要在学校吃午餐，教师子弟普遍跟父母到教师餐厅就餐，而我却不允许两个孩子享有这个"特权"。陈杲读毕业班时才 9 岁，都是跟着年长的同学一起用餐，自理要求也完全一样。

在荣誉方面，我同样没有给予两个孩子特殊照顾，陈杲小学没有当过班干部，陈杳小学没有评过"三好生"。

把坏事变成好事

陈杳与陈杲小时，家里常养金鱼。一次，养在厨房边的两条金鱼莫名其妙地死了。两个孩子有点儿难过。后来我们寻找原因，发现夜里常有煤气漏气，于是对煤气进行了修理，坏事变成了好事。两个孩子给这两条金鱼以"英雄"待遇，命名为"金金"和"银银"。

生活中常常会出现坏事，孩子生长过程中常常会出现问题。坏事、问题并不可怕，如果处理得好，可变成好事。

2003 年的"非典"对全国来说都是坏事，但人们经历了这样的特殊时期，变得比以往更加重视卫生了。当时我有两个学生在瑞安市人民医院任职，都被选入抗击"非典"志愿医疗队，在隔离医院生活了几周时间。两个孩子了解了两位叔叔的隔离生活后，既担心又自豪，不仅养成了良好的卫生习惯，也触动了人格教育。

我睡前有看书的习惯，看完的书、正在看的书，常将床头放得满满的。一天早上，我刚睡醒，陈杳与陈呆站在我床前，带着哭腔说："爸爸不要当和尚……"我吓了一跳。原来，那段时间我正在看佛教类书，两个孩子白天到我卧室看到了，才有了担心。

之后，我反思，对有小孩的家庭，家里所有的摆设都应该以孩子为中心。我还寻思着，何不以床头书的形式引导孩子阅读呢？此后，我在正面引导孩子看书的同时，常常将希望孩子看的书也放在自己的床头，让孩子"偷看"到"爸爸也在看这些重要的书"。特别是陈呆，因读中学时半天在家自学，受我床头书影响相对较大。一些孩子一般不会看的书，如《论语别裁》《荣格论人生》《南怀瑾讲演录》等，陈呆都翻过。

二、权衡得与失

得与失是一对矛盾。得时多想想到底失去了什么，失时多体会"塞翁失马，焉知非福"的道理。有这种平和心态，家庭教育才更显理性。

得到的同时意味着失去

随着生活条件的改善，当前的孩子享受着现代文明，知识面更广，对一些现代科技产品的接受能力更强，个性也更张扬，但相比上一代人，因为缺少艰苦生活的磨砺，吃苦精神、毅力、耐挫折力不足。我国大学扩招后，大学招生人数越来越多，在应试教育中的孩子，在得到比上一代人更多读大学机会的同时，却逐步失去了上一代所拥有的轻松、自由的童年。

陈杲小学跳级两次，跳了三年，比同学小三岁，得到了自信，能力得到了锻炼，但也失去了当班干部的机会。特别是在初中就读时，同学都到了青春期，发育得身强力壮，而陈杲还是小个子，上体育课跑步都有点儿危险。

陈杲高二时参加高考，提早读了中国科学技术大学少年班，这是得。老师说，如果迟一年等过了高三再考，绝对可考上清华、北大，也就是说，失去了读清华、北大的机会。

教育需要权衡得与失

教育无小事，因此家长的所作所为都要考虑对孩子的影响。有一次，我带陈杳与陈杲外出，进公园时要排队，看到一位家长拉着孩子要插队，那孩子不肯插队还受到家长的斥责。两个孩子看到此情形，忍不住相视而笑。

晚上回宾馆后，两个孩子谈论这件事，批评该家长的行为。插队能得到什么？无非是早一点儿进公园。而失去了什么？公众场合暴露了大人的修养问题，也许那个孩子会无地自容。明显的失大于得，这样的事怎能做？

相比插队这样的小事，让孩子读什么样的学校，自然更要慎重权衡得失。我原来任职的瑞安市安阳实验小学是寄宿制小学，许多家长都问我："让孩子寄宿好不好？"我觉得，这要从孩子的实际情况分析。孩子过早寄宿的突出问题是容易影响亲情，明显的好处是容易培养自理习惯。如果家长很注重家庭教育，孩子各方面表现良好，因寄宿而影响亲情就是失大于得；而一些家庭，父母外出做生意，没时间教育孩子，与其放任自流，不如让孩子寄宿学校，这就是得大于失。

教育的难处，在于世上找不到只有得没有失的好事。孩子生长的过程，家长要多权衡得失，选择得到更多失去更少的事。如果追求完美，过于患得患失，既不现实，也有可能优柔寡断失去更多。

有舍才有得

孩子的生长，不能只一味追求好处，有时候主动地舍，才可能换来更大的得。家长应该把教育拉长，把幼儿园、小学、中学、大学乃至整个人生串起来思考；应该把教育拓宽，从分数、荣誉外的习惯、能力、情商、人格等角度思考，如此才可能做出更恰当的取舍。

舍，是处世的哲学，是做人做事的艺术。对教育而言，舍是主动放弃，是教育的智慧。

陈杲因奥数获奖被瑞安中学特招。瑞安中学把陈杲作为奥数苗子。可他高一、高二参加奥数竞赛，都与全国奖无缘。老师建议，应该考虑到杭州、深圳找名师辅导。

我引导陈杲说，放弃奥数之路。毕竟痴迷了这么多年，陈杲还是出现了挫折反应。我给陈杲讲述了人生需要学会放弃的道理，特别讨论了毛泽东暂时退出延安的军事故事，帮助他逐步调节好心态。

现在回想，陈杲在奥数失利后断然放弃奥数，这是智慧的选择。特别是，有这么一次舍得的经历，一次忍痛割爱的经历，对今后的人生路是弥足珍贵的。

陈杳要报考南方科技大学时，我内心是很纠结的。当时南方科技大学还没有通过教育部的审批，由南方科技大学自授文凭。多方考虑后，我支持陈杳报考。果然，陈杳赢得了作为首届教改实验班的特殊教育资源。这是我们舍弃教育部承认的学历后获得的。陈杳读大四时，我曾问：“如果重新选择，会如何？”陈杳说：“肯定选南方科技大学。”

学会进退

孩子之间免不了竞争，竞争免不了有先后。百舸争流奋楫者为先，有能力的孩子自然要奋勇争先。每个家长都希望自己的孩子有出息，这种愿望能给孩子传递期望。但是，每个孩子的天赋、个性不一样，追求不能变成强求。

实际上，是得是失，一时的先后并不重要。从长远看，人的一生是长跑，竞争中的一时落后，也并不都是损失。家长如果纠结在短期荣誉中，有可能会因小失大。即使某一方面明显落后，或者永远落后，也没必要灰心丧气。成功的路有千万条，当家长发现孩子碰到这样那样的问题，甚至此路不通时，要学会退而求新路、退而求其次。退一步海阔天空，看似失去，如果退而适应了孩子的能力，这反而是一种得。

陈杳刚读初中时出现不适应，我如果逼着她老老实实跟着老师学，给予补课、加班加点，我想结果肯定会不尽如人意。幸好我及时退而求新路，引导她走上自主学习之路。如果自学没效果，我肯定会引导陈杳放弃走科研这条路。

我的侄儿浩从小天资聪明，但在学习上出现了波动后，我及时改变教育方法，淡化分数，加强情商培养。如果当时纠结于分数，浩的那几年很可能生活在阴影中。

我的侄女智从小很自觉，学习一直很拔尖。考上瑞安中学后，因不适应过于竞争的环境，心理因素引发了肠胃不适，相当长时间都看不好。我们就商量降低学习要求。

作为学习尖子生，成绩下降是很苦恼的事。如果我们大人再盯着分数，对孩子来说，就会雪上加霜。我们退一步，起码可以收获健全的人格。

不要让孩子不劳而获

付出才有收获，这是古往今来的真理。陈杳与陈杲小时，过年收的压岁钱都交给我，没有独立使用的权力。我觉得，对孩子而言，压岁钱也是不劳而获。为未成年的孩子提供基本的生活保障，是家长义不容辞的责任，但如果随便给予"富贵"的童年，其隐患不可低估。我们亲戚间来来往往的压岁钱，实际上每年收支是对等的，两个孩子了解了这些事后，也就没有什么想法了。

两个孩子从小到现在，一直以来都好学上进、勤劳朴素，与我的"贫民"教育有关。吃的、穿的，都非常朴素，住的房子也都没有特别装修。实际上，我夫妻俩是双职工，生活条件也不差，但我却特别强调，两个孩子是农民的后代，出生不久经历台风夜的危险，我曾经在公平码头"沦落"的故事，买房后的贷款……这些都在一定程度上激发了两个孩子以勤奋改变命运的意愿。

三、以有限的资源追求最大的效益

吃得太少会营养不良，吃多了会生病；学习少下工夫成绩就落后，作业太多了，不仅成绩上不去，还可能有损学习兴趣。家庭教育要考虑多与少的平衡，该多时就得多，该少时就得少，一旦失衡，就可能走弯路。

这儿多了意味着那儿少了

孩子一定时期内的体力、脑力是有限的，这儿多了意味着那儿少了。譬如记忆，背诵多了，就如仓库中堆满了杂物。有的家长总是逼迫孩子多记些东西，可孩子记忆速度并不令人满意，其实这正是大脑的自我保护机制在发挥作用。

孩子的时间也是有限的，包括睡眠时间和学习时间。有些家长对孩子放任自流，玩儿的时间多了，意味着学习的时间少了，孩子也就难成大才。有些家长喜欢让孩子多学，其实也并不是学得越多就越好。这儿花的时间多了，就意味着用于其他东西的时间少了。"时间就像海绵里的水"是对浪费时间而言的比喻，如果超过一定的量，是不应该挤的。

当前，应试教育的突出问题，是无节制地挤时间。基础教育的基础，犹如房子的地基，当然得扎实。但是，如果把扎实理解为精雕细刻，即使把地基雕刻成艺术品，最后也会被埋在泥土下。学习时间多了，意味着休息的时间、锻炼身体的时间、实践活动的时间就少了。为此付出不必要的代价，实在犯不着。

从量变到质变

孩子的生长，更多取决于后天的教养，这种教养就是潜移默化的量变到质变的过程。人在一定环境或群体中生活久了，就会不知不觉地接受内蕴其中的价值观，所谓"近朱者赤，近墨者黑"。一些孩子之所以拥有令人羡慕的好习惯、好性格，这些良好素质背后，隐藏着看不见的量变。一些孩子学习能力特别强，也是长期培养与锻炼的结果。

同样，孩子的不良习气也都是在不知不觉的量变中形成的。在量变的过程中及时纠正，效果就好，一旦发生质变，要改变就相对困难。我曾接触过许多行为不端的孩子，如果仅仅表现为偶然的问题，改正起来就容易；如果不端行为的背后是坏习惯，或者已经是品德问题，要改变就相当困难。

陈杳读小学时，交了个好朋友，这个同学喜欢长时间地打电话聊天。起先，我们也只是引导陈杳如何打断对方的话，可效果不好。长此以往，且不说是否有辐射，起码浪费了时间，还可能会使陈杳也形成不良习惯。一天，同学又打来电话，我妻子抢在前面接了，控制不住情绪狠狠训了一顿。当然，陈杳是不知道的。第二天，陈杳回家说起，同学说打电话被妈妈训了。"妈妈平时脾气很好的，估计是打错了吧？"我不指明真相，顺便说，"不过少聊无意义的话还是有好处的"。后来，这个同学来电话时讲话时间明显短了些。事后，我们尽管为训斥陈杳的好朋友而觉不妥，可总体还是有好处的。

不积小流，无以成江海

孩子的生长要经过一个积少成多的过程。孩子经历的往往都是毫不起眼的小事，很难说哪件事特别重要。正如孩子每天吃饭，很难说哪碗饭最重要一样。但是，教育的成败往往就取决于这些小事。譬如家长的一言一行，看起来都无所谓，却有可能关系到孩子的未来。

对于学习而言，家长不要认为孩子游戏、研究蚂蚁就是毫无价值的事，这里也许正蕴藏着激发学习兴趣的宝藏。有的家长发现孩子语文能力不强，很希望短期内有大转变。实际上，如果没有阅读量的积累，语文能力是很难提升的。不少名人名家之所以能"一鸣惊人"，源于他们平时的积累。

陈杳与陈呆的良好品质也都是在一些并不起眼的小事中形成的。在书上、电视上看到一些趣事，家里、学校里发生的任何事情，都可成为我们讨论的话题。两个孩子跟着我外出时，路途中无意中看到一朵小花、一只小狗，天上飘浮着的云彩，路边人家的对联，果壳上的文字，常会引发自由的想象与讨论。

我看到乞丐，如果是老年人或小孩，一般都会给点儿零钱。两个孩子曾与我讨论过，有报纸报道，乞丐有帮主的，有的帮主心很毒，拐骗孩子乞讨，如果大家都不给钱，这样的现象会少些。最后，我们达成的意见是，这仅仅是一种猜测。即使是真实的，对乞讨的小孩来说，不给钱他肯定日子不好过，"反正只给一元钱，被骗了也不可惜"。这样的问题讨论多了，无形中两个孩子就变得爱思考。

勿以恶小而为之

犯错误是孩子生长中很正常的事。但是，如果孩子犯的错，或影响他人的安全与健康，或违背基本的道德准则，这就是恶的表现。

在南美洲亚马孙河流域热带雨林中的一只蝴蝶，偶尔扇动了几下翅膀，可以在两周以后引起美国得克萨斯州的一场龙卷风——这就是物理学的"蝴蝶效应"。孩子的教育也一样，不起眼的一个小动作也许能引起一连串的巨大反应。我曾看到一些孩子辱骂长辈，以作弄他人为乐，性格很残忍。如果这样的恶行都姑息，教育的底线何在？

我小时，伙伴中流行玩儿烧老鼠的游戏，用老鼠笼抓住老鼠，倒上菜油点火烧。我母亲发现我参与后严厉教训我，让我懂得了这样做的危险。后来我们村果然发生因烧老鼠引发的火灾。

陈杳与陈呆小时，吵架不断，但从来没有打过架，从来没有骂过脏话。在我们家，把骂脏话、打架归为"恶行"，每当电视中出现骂人的话，或者两个孩子说起某同学打架、骂人时，我都会说，这是教养不好，必须改。长期引导，两个孩子自然就不会骂脏话了。

以有限的资源追求最大的效益

改革开放以来，我国经济取得重大成就，可环境污染的代价也不小。发展经济没有错，但要合理开发资源。家庭教育也一样，教育的资源是有限的，包括孩子的学习时间，家长不能无限制地让孩子长期高负荷学习。如果不管孩子的兴趣，不让孩子游戏、自由探究，过度学习，必定会付出代价。陈杳与陈呆尝试自学，没有被卷入应试教育的旋涡，读大学前都没有近视。可以这么说，一旦发现孩子近视，起码说明，"资源"开发已经亮起红灯了。

同样的时间投入，当然要追求更大的效益。

首先，要有个恰当的规划。如果平时不闻不问，等孩子发生问题之后再进行补救；或者花了大量时间学习某种技能，结果不适合而推倒重来，这些都是走了不必要的弯路，是对教育资源的浪费。

其次，要遵循教育的规律。如记忆规律，睡觉前和醒来后是记忆的两个黄金时段；如遗忘规律，在学习完某项内容后应及时复习。如果家长能帮助孩子探索出合适的学习方法，就能大大提升学习能力，学习效率就会提高。一旦得法，则完全可以轻松成才。

同时，还要善于抓住孩子生长的关键要素。如孩子拿石头把邻居的玻璃砸坏了，不能只是赔钱了事，关键要了解孩子砸玻璃的原因，并让孩子明白后果的严重性。抓住关键点，就可达到事半功倍的成果，无形中也就节约了"资源"。

四、拿捏轻重缓急

古语说："射人先射马，擒贼先擒王。"俗语说："打蛇要打七寸。"家庭教育贵在善于寻找孩子生长的主要矛盾，并进行针对性的引导。

每一种行为背后都有多种原因

事物的发展存在一定的因果关系。记得改革开放不久，电视中武打类节目日益增多，我母亲说："这样下去还得了，孩子会学坏，世道就乱了。"果然，社会上频发暴力问题。当前一些孩子早熟，问题少年不少，有人说这是学校教育出了问题，我觉得最重要的原因在于社会负面环境的教唆。

孩子学习拔尖或成绩不佳，形成了良好的道德品质或品德不端，都是综合因素影响的结果。每种品行的形成都会有主观与客观原因、主要与次要原因。例如，孩子发烧，可能是病毒入侵，可能是细菌感染，也可能是其他原因。同样，孩子犯错误都有不同的原因，而且可能原因迥异。

透过现象看本质

把盐放入一杯水，从表面看杯中的水没有发生变化，其实在本质上，水已经变成了盐水；如果把油倒入水中，油浮在水面，从表面看杯中的水已经发现了变化，实质上，水的本质没有变化。人往往受空间、时间的约束，受思维习惯的定式以及从众心理影响，不容易看清事物的本质。教育正难于此。

"对症下药"的成语故事，讲述两个人一同找华佗看病，外在病症都表现为头痛发热，华佗给一人开的是泻药，给另一个人开了发汗的药。华佗说，两人相同的只是病症的表象，而病因是不同的，由内部伤食引起的病症需要泻药缓解，由外感风寒引起的病症则需要发汗的药来治疗。反观教育，同样是这样的道理。

教育无小事，常常需要认真分析现象与本质。例如，孩子打架了，不想上学了，哭了，家长都应该透过现象找到真正的原因。同样不认真学习的孩子，或许是习惯偏差，或许是能力不足，或许是沉迷在网络游戏中不能自拔，又或许是因反感某位老师而故意作对。如果没有找到真正的症结，看起来再好的"教育"也往往劳而无功。

陈杳读小学一年级时，有次放学后躲到厕所里，她妈妈找了好久。问她为什么躲在厕所，就是不说。回家后，我悄悄问到底怎么回事。与陈杳拉钩保证不与其他人说之后，陈杳说出了实情：原来，有位同学口算作业叫陈杳代做，陈杳想帮一下，想不到有好几张卷；她已与这个同学约定不说的，如果说了，老师知道后就会批评这个同学。我宽心了，透过躲厕所这件"坏"事的现象，我看到的是陈杳的善良。

拿捏轻重缓急

不同的年龄段有不同的发展重点。例如，幼儿期激发兴趣、习惯培养比知识学习更重要，学龄期学科学习更重要，青春期性格培育、价值观形成最重要。每个孩子的情况更是各不相同。如果家长只是想到什么就抓什么，或者社会上流行什么就抓什么，就会使家庭教育出现乱象。家长要在宏观上，以共性的规律来把握孩子生长中的主要矛盾，在微观上，从孩子个性发展的问题中寻找主要矛盾，只有这样，才能把握好家庭教育的大局。

有些家长对孩子要求过高，希望孩子什么都要学精，这样就没有抓重点。什么都重要，意味着什么都不重要。有些家长性急，一旦看到孩子出现一些不良表现，就不分场合地列出一大堆缺点要求孩子改进。这些教育方法的问题在于没有抓主要矛盾。

陈杳与陈呆上幼儿园后出现感冒过多的情况，我改为让他们下午不去幼儿园的做法，就是因为身体发育比什么都重要。如果我坚持让孩子适应幼儿园生活，孩子的健康就会受影响。忽视健康，就有可能捡了芝麻丢了西瓜。

主要矛盾解决之后，次要矛盾会上升为主要矛盾，所以在解决主要矛盾时，要充分考虑次要矛盾。陈呆读中国科学技术大学时才 14 岁，为了保证有足够的睡眠时间，我在校园内租了套房子，请我父母陪读。我考虑到，如果长期不在寝室，有可能影响与同学的交往，于是让陈呆平时都与同学一起，只在晚上回出租房睡觉。这样一来，既可保证睡眠时间，又不至于影响正常的大学生活。两年后，陈呆对大学生活很适应，我们考虑独立生活更利于综合发展，就不再让我父母陪读。

家庭氛围是最主要的教育因素

教育有"场"，每个人、每件事都会影响孩子，家长要让孩子生长在充满积极因素的"场"里。由此，一方面，家长要时刻警惕，找到并应对产生消极影响的因素；另一方面，家长应该积极营造充满正能量的环境。当孩子接触的正能量多了，负能量影响的机会相对就少了。

蔡笑晚先生培养了6个优秀孩子，有众多原因，其中与他家里的劝学氛围有关。在人人好学的家庭里，谁如果不好学，就会变成另类，这就是"场"的价值。蔡先生还常带6个孩子外出旅游，接触名胜古迹，以激发孩子的志向。

我的家庭氛围也利于劝学。陈杳与陈杲小时，与我的外甥彬、外甥女洁、侄儿浩、侄女智生活在一起，学习与做人方面互相促进。在这个学习的"场"里，两个孩子很自然地追求远大的志向与学习的乐趣。

我的外甥女洁读初中时，因学校离家要走半个小时，希望路途有个伴，我一位亲戚的女儿平，也转学住到我家里来，住了3年。后来，平也考上了师范，成为公办教师。平的姐姐霞，读初一时产生了厌学心理，在初二时也转学住到我家里来，住了两年，后考上了瑞安中学。对这两个孩子，除作文外，我其实并没有进行特殊的学科辅导，仅仅凭借家中浓厚的学习氛围，有空谈谈心激励一下而已。

从最近发展区出发

教育的影响，取决于孩子发展的两种水平：一种是已经达到的水平，另一种是孩子可能达到的发展水平。这两种水平之间的距离，就是"最近发展区"。每一个孩子不同时期都有自己的最近发展区，包括智力、习惯、情商及心理发展的各个方面。

从主与次的哲理分析，趋近最近发展区的因素，都是主要因素，远离最近发展区的，即使是最好的东西，也不见得是最好的选择。陈杲两岁时，我发现他对数字特别敏感，于是加强了数学的学习，这就是抓住了最近发展区。如果我觉得数学是小学才学的内容，放弃了陈杲学习数学的机会，也许就不会有他后来引以为豪的数学特长。如果我不仅没有关注陈杲的数学能力，而且还让陈杲把精力用于学习钢琴、书法，也必定因小失大。不管孩子的天赋，实施大一统的教育，以平均进度要求孩子，是对最近发展区的漠视。

曾有家长说孩子语文很一般，而数学特别拔尖，于是不让孩子多学数学，希望把主要精力用于语文学习，问我这样的做法好不好。我觉得，从最近发展区理论看，孩子数学拔尖且数学兴趣浓厚，更应该让孩子超前学习数学。其实，孩子在数学学习的过程中，志向、学习兴趣、学习能力都会随之得到发展，同时也能促进语文学习。

五、靠灌输成不了大才

每一个孩子都是不一样的，有的孩子需要多扶些，有的孩子相对自立。在不同的时期或不同的教育事件中，扶与放也是不一样的。什么时候该扶、该放，如何扶与放，都需要家长结合孩子的情况细心琢磨。

孩子的生长需要扶

铁放着不动，慢慢会生锈；水静止不流，慢慢会变臭。许多事理与物理是相通的，孩子的生长如果顺其自然，也会越来越出现问题。

古语说："三岁看大，七岁看老。"幼儿期是习惯形成的关键期，如果忽视养成教育，等坏习惯形成之后就很难纠正了。性格发展在幼儿时奠定基础，在青春期定型，如果缺乏合理的培育，过了青春期，也许就留有缺憾了。学习也一样，知识体系如天上的繁星，缺乏合理的帮扶，必定会走弯路、走错路，有可能一事无成。

扶的重点有三个。一是远离消极因素。"昔孟母，择邻处；子不学，断机杼。"二是给予更多正能量。家长要及时了解动态，时时激励孩子上进。当一个人表现出积极向上的精神状态时，不仅会拥有更多的幸福感，人生路也会走得更稳健。三是帮助孩子形成生活技能与探索学习的方法。授人以鱼不如授人以渔，高明的教育，在于帮助孩子更好、更快地掌握方法。

扶得过多是溺爱

孩子的成长需要扶，并不是说扶得越多就越好。孩子的生活、学习能力只有在实践中才能获得。如果家长完全包办代替，不让孩子动手，这就是典型的溺爱。孩子上小学了，不会系鞋带，不会打雨伞，不会削铅笔，这些都是扶得过多的结果。缺乏实践锻炼的孩子，犹如笼里的鸟儿、公园里的盆景。

过于注重物质生活的优越感，容不得孩子受委屈，每当孩子碰到丁点儿困难，就以最快的速度帮助解决，则是另一种溺爱。一些孩子上学了，非要妈妈陪伴才肯做作业，一碰到问题根本不思考，等着妈妈来解答。殊不知，代替孩子思考后果严重，不仅容易影响孩子的学业，也不利于孩子习惯、能力、性格的形成。

有一次，一位家长拿着一把削好的铅笔到学校，碰到我说"被孩子骂死了"。原来，孩子到校后，一连写断了几支铅笔，气呼呼地打电话给妈妈，埋怨妈妈铅笔削得不好。为什么不让孩子自己削铅笔？是铅笔太贵，削坏了太可惜吗？还是怕孩子弄伤手？主要是妈妈觉得，让孩子削铅笔有点儿心疼，这可真是溺爱。

孩子的学习、生长如同走山路，引导孩子走哪条路，这是宏观的扶。发现路上有安全隐患，或者孩子体力不支，自然得扶一把，这是微观的扶。而更多的时候，得让孩子自己走。只有自己走才可慢慢获得能力，以后碰到狭窄的山路时也不怕，甚至无路可走时也能开辟新路。如果怕孩子走山路会吃苦，长期拉着孩子的手，甚至抱着走，溺爱的结果必定是能力不足或者主动性不强。

主导与主体都需要

孩子的生长，离不开教育者主导。而孩子作为生长的主体，只有把外力变成内力，才能发展。没有合适的主导，孩子难有自主健康发展；离开孩子的主动性，最好的外在条件都将变得苍白乏力。

孩子有主体差异性，在每一个时期、在每一件事情中，其主导与主体所表现的比例和程度相对不一样。如何确立扶与放的度，应视情况而定。

陈杳与陈杲的暑假学习，因为有了作息时间表，保证了劳逸结合，既提高了学习效率，也增加了幸福感。孩子怎么会想到要制订作息时间表？这是因为我的主导。而制订怎样的作息时间表，具体由他们自己订，我仅仅是引导。如果我想当然地制订一份作息时间表逼着孩子执行，肯定不容易落实，还可能挫伤孩子的积极性。我觉得，孩子认可的作息时间表，往往会是一把金钥匙；而被动执行的作息时间表，因主导过头忽视主体，有可能变成绳索。

陈杲小学获得自学能力后，初中开始上午到校学习，下午在家自学。陈杳读高一时，周一、周三、周五在学校上课，读高二后，隔周在学校上课。既然会自学了，为什么还去学校？我考虑，毕竟学科学习具有知识体系，孩子的学习也要面对中考、高考，不能完全脱离老师的主导，所以还是到学校，接触老师教的课。到校后，也不仅只是学习知识，还有与同学交往，不时接触学校发生的大事，这也是走向社会的正常途径。

当前有些家长，对学校教育深感失望，完全放弃学校，让孩子要么在家自学，要么干脆送到国学班、书院等地方，被称为在家自学一族。陈杳与陈杲走的是中庸路线，既有他们的主体，又没放弃大人的主导。

靠灌输成不了大才

陈杳与陈杲小时常问诸如"乌鸦为什么是黑色的""为什么叫乌鸦不叫黑鸦"等问题，我一般都加以鼓励，并着力引导他们拓展阅读和探究。两个孩子从小研究了许多小课题，既激发了兴趣，又锻炼了学习能力。

陈杳报考南方科技大学时，写的那封自荐信《我的科学理想》，其中谈到了自己没办法解决的难题，如宇宙猜想、地球成因、地磁场成因、肥皂泡的颜色、电风扇叶片谜团等，这些都是两个孩子研究了多年却悬而未决的疑惑。这些体验，是长期自由探究形成的。

陈杳报考南方科技大学时，到北京的中国人民大学附属中学参加笔试，考数学、物理、英语。考了之后，陈杳说试卷很难，而自己一定能考上。我问，如果瑞安中学最优秀的学生来考，会怎么样？陈杳说，肯定有问题，因为试卷根本就不是浙江省教材上的内容，都是灵活的题目。如果没有自学，肯定考不好，而自己，以自学为主，学习了很多其他方面的东西，所以就不怕。

陈杲报考中国科学技术大学少年班时面试，老师问的是"如果你用方形的管子吹肥皂泡，吹出来的是方形的吗""肥皂泡为什么会五颜六色""如果你盯着肥皂泡的一个地方看，颜色会改变吗"等问题；陈杳面试时，老师问的也都是没有标准答案的问题，这些靠死记硬背是没用的。

从自主到自立

自主是一种生活与学习的方式。从小拥有更多自主权的孩子，在人格上容易自立。自立是一种良好的品质，一种可贵的精神。

当前教育的突出问题是教师、家长扶得过多，孩子缺失了应有的自主权，从而影响独立思考能力，甚至影响自立人格的形成。

我对陈杳与陈杲的教育，宏观上精心调控，微观上给予充分的自主权。两个孩子上学后，我努力寻求如何在当前教师普遍过度主导的现实中，为孩子争取自主权。我觉得，当前中学普遍对孩子抓得太紧，忽视孩子的自主权，孩子被动学习，不仅影响学习效率，还影响自立性格。因为从小被赋予了自主权，两个孩子的自立习惯较好，并逐步锻炼了自立能力。

陈杲大学毕业时希望读博士，当时未满 18 岁的他，主动征求诸多知名教授的意见，请中国科学技术大学校长侯建国院士等写推荐信，与菲尔兹奖得主丘成桐等教授通过电子邮件联系。

陈杳曾参加哈佛大学吉尔·奥尔特维奇教授的实验室实习。这个机会源于美国国际遗传工程机器设计大赛总决赛之行，当时陈杳随南方科技大学代表队到麻省理工学院参加世界比赛。吉尔·奥尔特维奇教授是软件队的评委。他来问是否有人愿意做个体化医疗方面的 APP。陈杳此前做项目时感受到个体化医疗的伟大之处，听到消息后立刻主动给吉尔·奥尔特维奇教授发邮件，并约吉尔·奥尔特维奇在咖啡厅见面聊天，接下了这个任务。

两个孩子能抓住这些机遇，表现出了较强的自立精神。

六、帮孩子寻找生命中的贵人

孩子生长过程中会碰到许多偶然的事。教育的艺术在于，通过合理选择，把一些偶然的事变成教育事件，从而寻求孩子健康、和谐生长的必然性。

孩子生长的必然性

孩子的生长有其内在的必然性。必然性常常表现为因果关系。陈杳与陈杲高中毕业时都没有近视，这与从小不玩电子产品、早睡与劳逸结合的习惯有关。如果一边放任孩子玩儿电子游戏，一边希望孩子不近视，这是对必然性的漠视。曾有家长说，有的孩子整天玩儿电子游戏却没有近视。其实，这是偶然的事。一旦以偶然性否定必然性，就容易做出错误决断。

必然性以现实性和可能性的形式存在。例如，培养孩子的好学精神，如果孩子非常好学，可能会取得好成绩，也可能成绩不好；而如果孩子不好学，根本就不可能取得好成绩。正如我在陈杲获蔡笑晚奖学金时的发言中讲到的："成功的路千万条，勤奋好学是基础；失败的路只有一条，就是不勤奋好学。"

两个孩子小时，因我重视早期教育，在智力发展、习惯培养、性格等方面已经具有明显优势。陈杲读小学，尝试跳级成功后，自学能力迅速提升，这时候，我对他的学习就相当放心了。我当时想，只要做人教育跟得上，学习上绝对不会差，以后考个重点大学是没问题的。也就是说，早期教育与陈杲考上理想的大学之间存在必然性。

陈杳初一尝试自学成功后，我也很看好陈杳的学业。原来我曾有想法，希望陈杳以后报考师范。而当陈杳自学能力上来后，我估计她有条件追求高远的志向。自学与高远的志向，具有必然性。

从偶然中看到必然

从宏观上说，教育大体上要把握必然性；从微观上说，则每天要面对偶然的事。孩子在生长过程中出现的看似偶然的事，其背后都存在必然因素。例如，家长常常发现孩子在考试时会做错一些极其简单的题目，我觉得，某个题目做错是偶然，而其背后的必然性，或是习惯问题，或是能力问题，或是其他原因。例如，孩子打架，看起来是偶然事件，而必然因素是孩子身上积累的消极因素。当人的消极因素达到一定量时就会发生质变，出问题就成为必然——今天不打架，明天也会打。所以，当孩子出现这样那样的问题时，家长要从偶然性背后的必然性上寻找原因，才可能更有针对性地寻找对策。

陈杲婴儿期就能说出车牌号、电话号码，会看时钟、发现门牌号规律，这些都是偶然的事，而我从中发现他具有数学天赋的必然因素。他在初中时获全国奥林匹克数学竞赛一等奖，大学时获华人数学大赛丘成桐奖银奖，这些都是偶然的事，背后的必然因素是他长期对数学有浓厚兴趣并超前学习。陈杳大二时在国际遗传工程机器设计大赛中表现出色。这看似也是偶然的事，而其背后的必然因素，是陈杳从小自主学习培养了较强的自学能力与创新能力。

把偶然事件变成教育事件

陈杳与陈杲喜欢看报纸，看到一些社会偶发事件，大到"神舟"飞船上天，小到河里垃圾污染，常会与我讨论，许多事情也就变成了教育资源。我带两个孩子外出旅游时，碰到的自然都是偶然的事情，但我精心取舍，使许多偶然事情都变成了教育事件。

两个孩子两岁时，北京师范大学教授俞国良老师到我家做客，抱着两个孩子留了个影。2000 年，中央电视台白岩松专访俞教授，我无意中看到，节目中出现了俞教授抱着陈杳与陈杲的照片。照片在电视上播出是偶然的，但我有意把这件偶然的事变成了教育事件。当天我们举行了庆祝活动，两个孩子谈体会、表决心。两个孩子小时的志向，与这件事有些关系，常喜形于色地说："我是上过中央电视台的。"

蔡笑晚先生为回报家乡，在瑞安设立了专项奖学金，用于奖励中考、高考中特别突出的拔尖学生。陈杲考上中国科学技术大学少年班后，获得蔡笑晚奖学金，这是偶然的事。我带陈杳出席颁奖仪式作为家长发言，有意将讲话稿在博客里公开，目的是激励陈杳。果然，陈杳受到了鼓舞，后来也获得了该奖学金。陈杳获奖学金，具有一定的必然性。蔡笑晚奖学金每年颁发一次，有的家长只是作为普通事情对待，而我的细心在于，把获奖变成教育事件，并使这个教育事件的影响力延续了相当长的时间。

帮孩子寻找生命中的贵人

孩子生长过程中会碰到许多人，大部分人都擦肩而过，只有少部分人会留下印记，其中有那么几个人，则会对孩子产生重要影响。这些重要他人，就是生命中的贵人。碰到贵人是偶然，以贵人的影响来改变命运，则存在可能性。

影响孩子的贵人，最有可能的是老师，也有可能是某位长辈，甚至是一位历史人物。陈杳与陈呆懂事起，俞国良教授无疑是贵人。我曾于2002年带陈呆去北京，俞教授已调到中央教育科学研究所工作，他亲自开车接送。2004年带陈杳去北京，俞教授请我们吃饭。陈呆读大三时，俞教授到合肥开会，抽空带陈呆游览包公祠、李鸿章纪念馆。这些都令两个孩子振奋不已。蔡笑晚先生自然也是贵人，两个孩子从他家庭里不断汲取上进的力量。两个孩子的几位班主任，也都因特别的人格力量，影响了孩子相当长的时间。此外，爱因斯坦曾深深影响两个孩子，也算得上是一位贵人。

陈呆读大学时，受到陈卿教授、胡森教授等的赏识，他们都对陈呆产生了重要影响。后来，陈呆赴美攻读博士，有幸师从著名数学家陈秀雄教授、沃尔夫奖得主沙利文（Sullivan）教授、菲尔兹奖得主唐纳森（Donaldson）教授——他们都是陈呆的贵人。

陈杳之所以选择南方科技大学，主要是受到朱清时院士的影响。陈呆上中国科学技术大学时，朱院士任校长。陈杳发现朱院士就是初中《自然》教材的主编，很受鼓舞。朱院士出任南方科技大学校长后，陈杳很向往南方科技大学。

陈杳到南方科技大学报到第一天，朱校长来宿舍看望学生，陈杳挤上前去，与朱校长有了对话。后来，中央电视台也报道了这个镜头，《钱江晚报》采访朱校长的《我们走的教改之路确实如履薄冰》文章中，也提到这件事。

陈杳大三选择了生物信息学后，一个专业只有陈杳一个人，导师贺建奎老师给予了特别指导，使她在本科阶段就接触到了其他大学研究生才接触的前沿科技信息。

陈杳申请读博士时，申请了一批名校，朱清时院士、贺建奎老师都写了一批推荐信。从一定意义上来说，朱校长、贺老师，都是陈杳的贵人。

七、孩子不能做物质富翁

离开物质，人将无法生存；而精神，主导着人的生存与生活方式。家庭教育所关注的精神，指的是孩子表现出来的思想面貌与上进的活力。

追求物质富足是父母的责任

物质是精神的基础，如果连温饱都满足不了，精神生活可能受影响。我小时，经济条件不佳，考虑到为家庭减轻经济负担，我放弃读瑞安中学去读了师范学校，相当长的时期内，总有点儿挫折心理。改革开放后，我家办工厂，逐步富裕，我才可安心读书、安心工作。如果为衣食所忧，整天算计着如何过日子，也就难有条件追求精神境界。

家长通过辛勤劳动，给孩子创造丰衣足食的物质条件，是做人的美德和责任。富足的家庭不仅更有利于孩子的健康生长，也为孩子的高雅精神生活创造了机会。生活富裕之后，如果教育得当，经过几代人的传承，在孩子身上会沉淀独有的精神气质。

当然，物质是否富足，是个相对的概念。实际上，从教育的角度来说，家长是否赚大钱并不重要，只要为这个家庭做出努力，就会让孩子感受到亲情的温暖与力量。父母的勤劳，是最好的身教。家长如果好吃懒做，会对孩子的生长造成伤害。

孩子不能做物质富翁

过于追求物质享受，非但不是好事，还可能会使精神萎靡不振。当前学校里有很多孩子喜欢炫富，这是需要引起重视的不良现象。

古语说："自古纨绔少伟男。"古往今来的大户人家，之所以常常出现不肖子孙，主要是因为忽视了精神生长。从小有人服侍，不思进取，玩物丧志，四体不勤，五谷不分。长此以往，哪怕原本是好孩子，也会因丧失精神涵养而毁掉一生。

人们生活条件明显改善后，许多家长认为不能让孩子吃苦，或者喜欢代替孩子"吃苦"，我觉得不妥。如果一味让孩子享福，极有可能损害精神。

我们家住的房子，一直都普普通通。住在瑞安市区时，曾有朋友来我家，说我家装修太寒酸。这固然有省钱的原因，但更主要的是，我觉得让孩子住装修豪华的房间不见得就好。

两个孩子小时，喜欢穿哥哥姐姐穿过的旧衣服。我外甥、外甥女、侄儿、侄女，依次大几岁，正处于长身体的年龄，新衣服穿过一季，就可能太短了，正好给陈杳与陈杲穿。

陈杳读大学时，一次回家，找表姐看看有无穿过的衣服。我说，都大姑娘了，不能穿旧衣服了。陈杳说："不是一样的？合身就好！"

精神具有强大的力量

每个人一生中都会碰到这样那样的困难。有的人碰到困难就萎靡不振，有的人经历苦难却会从中获得人生智慧，这取决于人的精神。如果孩子缺乏应有的精神世界，获再高的奖项，考上最名牌的大学，都不能算教育的成功。而如果具有强大的精神力量，孩子的分数、荣誉，甚至以后不管从事何种职业，实在都无所谓。

网络上流传着一个故事。一个人感觉生活过得很苦，整天愁眉苦脸的。一天，碰到一位智者。智者拿了一杯水，在里面加了一把盐，让这个人喝，问："咸不咸？"之后，智者把这杯盐水倒入湖泊，在湖泊中舀了一杯水，再让这个人喝，这下就不咸了。智者说，人的心胸如果像湖泊，就感觉不到苦了。

陈杏就读的南方科技大学首届教改实验班，首批毕业的 29 名同学中，有 20 多人获得世界名校的全额奖学金读博士。

之所以有如此好的成绩，有学校课程的原因，有学校师资的原因，与南方科技大学首届教改实验班所获得的特别精神力量也有关。

开学时，学校安排在广州的黄埔军校旧址纪念馆军训，之后，同学们以"黄埔一期"自勉。全国媒体关注南方科技大学，也都给了孩子们以特别的责任感。尤其是，在南方科技大学出现的风波中，孩子们与创校校长朱清时院士结下了深厚的师生友谊，有时，朱校长一席话，就让孩子们备受鼓舞。

做学问，靠的是精神力量。做人，也靠精神力量。

做孩子精神生长的引领者

精神生长，靠的是精神引领，包括科学精神与人文精神。

教育要教给孩子物理、化学、生物等科学规律，也要给予孩子历史、地理、文学等人文食粮。当前社会，科学日益发达，可人们的幸福感并没有因科学发展而水涨船高，其根源在于人文精神的缺失。培养孩子的人文精神，就要让孩子接触历史上、现实中的感人事件、人物，领悟其蕴含的人性价值。

陈杏与陈杲小时，我特别引导他们看科学家的传记。这些名人故事，既传递科学精神，又传递人文精神。两个孩子特别喜欢爱因斯坦，既因为爱因斯坦的科学成就，也因为爱因斯坦的人文情怀。爱因斯坦"二战"后致力于消除核武器的努力，放弃当以色列总统，都使这位天才科学家充满了人文魅力。

陈杳与陈杲大学读的都是理工科，我总是不断鼓励他们读些文科类的书。陈杳文笔不错，不时写些文章。陈杲读博士期间，还坚持研读南怀瑾著的《论语别裁》和《老子他说》。

要引领精神生长，心灵沟通是前提。教育靠说教是没用的，贵在心灵的触动。有些家长认为，自己养的孩子，付出了这么多，肯定最了解孩子，其实未必。天天在一起，不等于就走进心灵。

要做精神导师，首先要尊重孩子独立的人格，多与孩子平等对话。其次，要加强自我修养，只有不断追求人格魅力、学识魅力的高度，才更容易走进孩子的心灵。特别是，当孩子出现心灵困惑时，不管如何幼稚，都要站在孩子的视角，帮助其拨开迷雾，让孩子感受长者的智慧和精神境界。

精神力量可以从经历、阅读等渠道获得，让孩子接触特殊人物，不失为一种良方。我读师范时的姚亦菲老师，青年时期坐过国民党的"老虎凳"，"反右"时期被划右派坐了 20 多年牢。他那饱经沧桑的人生经历，给了我强大的精神力量。2000 年，姚老师到瑞安做客，在我家住了一夜，陈杳与陈杲第一次认识了他。当孩子面对面地感受长者如此笑对曾经的苦难时，很自然就会有心灵的触动。后来，姚老师出版的回忆录《坎坷的里程》，也成为两个孩子的精神食粮。

八、有幸福感的人才是最成功的人

成功，是社会价值的认可度；幸福，是人的内在体验。家庭教育，究竟是追求令人羡慕的成功，还是追求幸福？

成功是相对的

什么是成功的人生？不同的人有不同的认识。世俗的观念认为，当大官，赚大钱，取得重大学术成果，拥有一定的社会地位，算得上成功。其实，成功是一种感觉，是达到自己理想目标后一种自信和满足的感觉。人的感觉是不一样的，所以成功是相对的。

孩子的成功也是相对的。获得荣誉、成绩优秀、考取好学校是成功，陋习改变、良好习惯养成、克服困难，也是成功。学龄前孩子成功感最强，那是因为少有竞争，更多是父母的夸奖。上学后，随着竞争的加剧，一些竞争中的胜利者，往往更能感受成功。家长都希望孩子获得成功，以后成为成功人士，这些良好的期望非常重要。只是，如何帮助孩子走向成功，不仅是教育的学问，更要有深层的思考。

成功需要付出

成功不会自然获得，需要汗水浇灌。陈杲大学的每门功课都达到 95 分左右，这样的成绩是长期努力学习的结果。他的同学、斯坦福大学博士曹春田曾这样评价："我在中国科学技术大学少年班有一位同学陈杲，在我们眼中绝对能成为又一个陈景润。一次特别难的线性代数考试，只有他 5 题全部做对，其余人一般只做出两道。有时闲谈，他就会说自己又推出了一个新的定理。在外人眼里，他是个天才。但是他的室友对我说，陈杲从早到晚脑子里全是数学，就连走路时也总想着数学问题。而我就不是这样，平时总在与同学闲聊。其实并不是我们不够聪明，我们只是不够用心。如果我们也像陈杲一样，不浪费分秒时间，或许我们也能成为别人眼中的天才。"

陈杲大三时之所以能获得丘成桐奖，也是他长期以来爱好数学的结果。参赛前，陈杲就看了一大摞数学书。因为辛勤付出有了回报，陈杲自然享受到成功的幸福。

陈杳读大学期间，非常勤奋，有时都要到夜里三四点才睡觉。大二时，陈杳与同学们参加国际遗传工程机器设计竞赛（iGEM），获亚洲金奖，软件组第一名。陈杳承担软件设计任务，用的是自己从未接触过的计算机语言，陈杳下载了一些材料，尝试着学习，常常熬夜编写程序。正月初到亲戚家拜年，都带着电脑，与亲戚打过招呼后，马上开始学习。

追求成功利于幸福

成功可以带来幸福感，但是，成功并不等于幸福，这就给家庭教育出了难题。有家长认为，我不一定要孩子成功，我只要孩子幸福。问题是，放弃成功的要求，孩子就会幸福吗？成功与幸福的矛盾在于，从小追求成功的人，今后可能有的人过得很幸福，有的人过得不幸福；而从小追求幸福的人，相对比较难取得成功，最终又可能影响幸福感。

孩子需要成功激励，但家长不能被世俗的成功观牵制，更不能以不切实际的目标为标准。要引导孩子形成在原有基础上的进步就是成功的观念。当孩子表现良好，不断取得进步时，家长要以成功激励幸福感，引导孩子摆正心态，追求胜不骄、败不馁的境界。如果孩子在竞争中处于不利地位，家长要及时调整目标，进而寻求不同的发展目标，不能逼孩子非走某条路不可。只有放低了要求，或者转个方向，相对才会有更多的成功。不然，孩子将生活在失败的阴影中，肯定会影响幸福感，又会影响走向新的成功。

幸福取决于人生哲学

有这么一个有寓意的故事。雨后，一只蜘蛛艰难地向结在墙上的已经支离破碎的网爬去，由于墙壁潮湿，一次次向上爬，一次次掉下来。第一个人看到了，心想："我的一生不正如这只蜘蛛吗？忙忙碌碌而无所得。"于是，日渐消沉。第二个人看到，心想："这只蜘蛛真愚蠢，为什么不会绕到旁边干燥的地方爬上去？我以后可不能像它那样愚蠢。"于是变得聪明起来。第三个人看到，被蜘蛛屡败屡战的精神感动，于是变得坚强起来。

幸福由心态决定，而心态靠哲学观调整。儒家、道家学说和一些宗教信仰，之所以助人幸福，是因为其哲学思想能调节人的心态。希望孩子一辈子过得幸福，不能忽视人生哲学。

哲学就是思想方法的学问，小学高年级段的孩子就可有所体悟，青春期是哲学观形成的重要时期。我常与两个孩子讨论，如鸡与蛋到底谁先，如方与圆到底谁更好，让孩子感到世界上没有绝对的事。我们也常讨论一些逻辑题。记得有次我说："椅子四条腿，所以四条腿的是椅子；狗是四条腿的，所以狗是椅子。"陈杲与陈呆绕来绕去觉得很有味儿。我也常找一些含有哲理的小故事给两个孩子品味，如《菜园里的石头》《品味现在》《寻找鲜花的毛毛虫》等。

一次，我给两个孩子讲了一则《靠自己》的哲理故事，讲述小蜗牛讨厌背又硬又重的壳，羡慕蝴蝶和蚯蚓——毛毛虫变成蝴蝶，天空会保护它；蚯蚓会钻进土里，大地会保护它。蜗牛妈妈对小蜗牛说："我们有壳啊！我们不靠天，也不靠地，我们靠自己。"两个孩子讨论说，每个人都会有长处与短处，即使什么都不如别人，也不要羡慕他人，而要发现自己的长处。

有幸福感的人才是最成功的人

大人物，有幸福的，也有不幸福的。普通老百姓，有幸福的，也有不幸福的。家庭教育不能只追求把孩子培养成大人物，而应该以幸福为本。

培养孩子走向成功，着眼点还是为了幸福，不仅是结果的幸福，更要关注过程的幸福。希望小公鸡成为游泳冠军，希望蜗牛成为田径强手，不仅不能成功，其生长的过程必定充满辛酸。

人尽其才，才可能更具幸福感。实际上，孩子长大后，不管从事何种职业，如果有强烈的幸福感，那么孩子的人生就是成功的，家庭教育也就是成功的。

成功与幸福就在变与不变之中。尊重孩子的天性、兴趣与独立人格，更有利于走向成功，也更有利于培养有幸福感的人。

后 记

2015年春，我的女儿陈杳，获3所世界名校攻读博士学位的全额奖学金。

此时，我的儿子陈杲，研究霍金提出的一个关于爱因斯坦方程的难题也取得了突破性进展。这是国际数学界30多年来的难题。

这些成绩，当然让我高兴。但更令人满意的，是他们的自立人格。

他们之所以能学业成功、做人自立，良好的家教功不可没！

因早教得法，幼儿期的陈杳与陈杲，习惯、能力、性格等，就令人惊喜。上学后，我大胆引导两个孩子走个性化自学之路。小学、中学、大学，一路走来，尽管也有磕绊，但总体精彩不断。

多年的校长经历，让我清楚地知道，几乎每一个家长都是重视家教的，但遗憾的是，相当数量的家长，并没有找到恰当的家教方法。

每个孩子，都是家庭的希望。我想，如果能把我们家成功的家教经验总结出来，应该会是一件能造福千家万户的大好事。

于是，在工作之余，我对自己的教育经验进行了比较系统的整理，前前后后花了近4年的时间。这是我从事学校教育30年、用心研究家庭教育20多年的结晶。

在总结的过程中，我努力做到三点。一是以故事的形式讲家教的道理。二是以家教方法为主线。三是以心理学、教育学为基础，梳理我的家教理念和做法。总之，一切都以便于家长借鉴和参考为出发点。

每一个孩子都不一样，家教需要"一把钥匙开一把锁"。如果能够开展讨论，自然更利于把握精髓。由此，我申请了微信公众号《陈钱林说家教》：shuojiajiao。欢迎各位家长扫描下面的二维码，就家教问题开展讨论。

推动摇篮的手，就是推动世界的手。愿此书能给家长们以切实的帮助。

图书在版编目（CIP）数据

家教对了，孩子就一定行！：新版／陈钱林著.——
上海：上海教育出版社，2021.6
ISBN 978-7-5720-0766-8

Ⅰ.①家… Ⅱ.①陈… Ⅲ.①家庭教育 Ⅳ.①G78

中国版本图书馆CIP数据核字（2021）第082663号

策　　划　源创图书
责任编辑　董　洪
特约编辑　张万珠
责任印制　梁燕青
装帧设计　许　扬

Jiajiao Duile, Haizi Jiu Yiding Xing！（Xin Ban）

家教对了，孩子就一定行！（新版）
陈钱林　著

出版发行　上海教育出版社有限公司
官　　网　www.seph.com.cn
地　　址　上海市闵行区号景路 159 弄 C 座
邮　　编　201101
印　　刷　北京华宇信诺印刷有限公司
开　　本　710×1000　1/16　印张　15.75　插页　1
字　　数　200 千字
版　　次　2021 年 6 月第 1 版
印　　次　2024 年 11 月第 3 次印刷
印　　数　13,001—16,000 本
书　　号　ISBN 978-7-5720-0766-8／G·0584
定　　价　58.00 元

如发现质量问题，请向本社调换　电话 021-64373213